Como falar de improviso

e outras técnicas de apresentação

13ª edição

Benvirá

Copyright © Reinaldo Polito, 2018

Preparação Adriana Barbieri de Oliveira
Revisão Amanda Lassak (Coord.), Ana Carolina Rodrigues Pancera
Projeto gráfico Hamilton Olivieri
Capa Aero Comunicação/Mayara Longhi
Ilustrações Adolar
Diagramação Edsel Moreira Guimarães
Impressão e acabamento Gráfica Paym

Dados Internacionais de Catalogação na Publicação (CIP)

Polito, Reinaldo
 Como falar de improviso e outras técnicas de apresentação
/ Reinaldo Polito. — 13. ed. — São Paulo : Benvirá, 2018.

 Bibliografia.
 ISBN 978-85-5717-226-5

 1. Comunicação oral 2. Falar em público 3. Oratória
I. Título.

CDD 808.51

Índice para catálogo sistemático:
1. Falar em público : Retórica   808.51
2. Palestras : Preparação : Retórica   808.51

13ª edição, abril de 2018 | 3ª tiragem, junho de 2023

Nenhuma parte desta publicação poderá ser reproduzida por qualquer meio ou forma sem a prévia autorização da Saraiva Educação. A violação dos direitos autorais é crime estabelecido na lei n. 9.610/98 e punido pelo artigo 184 do Código Penal.

Todos os direitos reservados à Benvirá, um selo da Saraiva Educação.
Av. Paulista, 901 – 4º andar
Bela Vista – São Paulo – SP – CEP: 01311-100
SAC: sac.sets@saraivaeducacao.com.br

EDITAR 12924   CL 670778   CAE 626962

A meu irmão, Geraldo Antonio Polito,
e à memória de meu pai, Geraldo Polito.

Leia as obras do autor publicadas pela Editora Saraiva

- *Como falar corretamente e sem inibições* (com realidade aumentada)

- *Assim é que se fala* – como organizar e transmitir ideias (com realidade aumentada)

- *Conquistar e influenciar para se dar bem com as pessoas*

- *Vença o medo de falar em público*

- *Recursos audiovisuais nas apresentações de sucesso*

- *A influência da emoção do orador no processo de conquista dos ouvintes*

- *Superdicas para falar bem em conversas e apresentações*

- *Superdicas para escrever uma redação nota 1.000 no Enem*

- *Oratória para advogados e estudantes de Direito* (com chancela da OAB-SP e do Conselho Federal da OAB)

- *As melhores decisões não seguem a maioria*

O conteúdo deste livro é desenvolvido no Curso de Expressão Verbal ministrado pelo Prof. Reinaldo Polito, na Rua Mariano Procópio, 226, Vila Monumento, São Paulo, SP – CEP 01548-020. Tel. (11) 2068-7595.

www.polito.com.br
contatos@reinaldopolito.com.br

Agradecimentos

À minha mulher, Marlene Theodoro, que desde a primeira edição leu incansavelmente cada página e, com sua sensibilidade, visão e conhecimento, sugeriu modificações sempre oportunas e enriquecedoras. Suas pesquisas, principalmente traduzindo obras em inglês e francês, permitiram incluir neste livro o que existe de mais avançado na comunicação em todo o mundo.

Ao Professor Oswaldo Melantonio, em quem foi inspirada minha atividade profissional.

Ao Professor Jairo Del Santo Jorge, pela colaboração com que sempre contei para aplicar meus estudos e pesquisas em sala de aula.

À Fátima Pereira Gomes Berganton, pelo profissionalismo com que se envolveu há tantos anos na elaboração da primeira edição deste livro.

À Professora Edna Maria Barian Perrotti, pela forma eficaz e muito competente com que tem participado da revisão e da organização dos livros que tenho publicado.

Sumário

Prefácio 11

Pouco mais de duas palavras 13

Introdução — Como apresentar um discurso 17

Leitura 19

Como se preparar para ler um discurso 20

   A comunicação visual 20

   A postura para ler 23

      Como segurar o papel para falar em pé 24

      Como segurar o papel para falar sentado 24

      Como segurar o papel para falar na tribuna 25

      Como ler diante do microfone 25

      Como ler com um microfone sem pedestal 26

      Como gesticular na leitura 27

Como interpretar bem um texto lido 29

   Escreva como se estivesse falando com um pouco mais de
formalidade 29

   Coloque as informações importantes no início da frase 30

   Escolha seu próprio método de marcações 31

      Pausa expressiva 32

Como escrever o discurso para ser lido 34

   A escolha do papel 34

   A disposição do texto no papel 36

   Mais dois cuidados importantes 36

Como praticar a técnica de leitura 36

   Dez orientações para treinar a leitura 37

   Exercício de leitura 41

   A leitura com o uso dos *tablets* 42

Quando ler em público 45
Leitura com auxílio do *teleprompter* 47
Algumas sugestões para usar bem o ***teleprompter*** 52
Improviso planejado com auxílio de roteiro escrito 55
Cuidados no uso do roteiro escrito 57
Exemplo de roteiro escrito 58
Improviso planejado com auxílio de cartão de notas 65
Como devem ser os cartões de notas 66
Como usar os cartões de notas 68
Principais vantagens do uso do cartão de notas 69
Improviso planejado com auxílio de um esquema mental 71
Critérios de preparação para o improviso planejado com auxílio de
um esquema mental 72
Decore a introdução e a conclusão da fala 72
Conte qual é o assunto 73
Faça um histórico ou levante um problema 74
Faça uma divisão do assunto 75
Desenvolva o assunto central 75
Faça a refutação 76
Faça a conclusão 77
Improviso inesperado 79
Como se comportar em uma apresentação de improviso
inesperado 80
Habitue-se a planejar 80
Alguns tipos de introdução para serem planejados
rapidamente 81
A grande arma da fala improvisada: a técnica do assunto
paralelo 82
Os ouvintes recebem a mensagem como um todo 85
O assunto paralelo cria expectativa e desperta maior interesse
nos ouvintes 85
Como escolher bem o assunto paralelo 86
Um recurso alternativo interessante 87
Cuidados na utilização do assunto paralelo 87
Exemplo de assunto paralelo 90

Orientação prática para a preparação do assunto no improviso
   inesperado 91
Ordene o assunto principal 92
Faça a refutação 94
Faça a conclusão 94
Recomendações importantes para uma boa apresentação de
   improviso inesperado 94
   Não peça desculpas 95
   Não tenha pressa para começar 95
   Fale mais baixo no início 96
   Seja breve 96
   Faça anotações 97
   Não recuse convites 97
Fala memorizada 98
Memorização de um discurso 101
Vantagens da fala memorizada 102
   Segurança do orador 102
   Ordenação da fala 102
   Correção gramatical e de estilo 103
   Tempo de apresentação 103
   Expressão corporal 103
Desvantagens da fala memorizada 104
   Esquecimento 104
   Falta de naturalidade 105
   Rigidez de conduta 106
   Comodismo 107
O perigo do "piloto automático" 107
Conclusão 107
Resumo 109
Exercícios de fixação 116
Respostas dos exercícios de fixação 119
Questionário de autoavaliação 122
Bibliografia 124
Depoimentos sobre o trabalho do Prof. Reinaldo Polito 130
Reinaldo Polito 134

Prefácio

A comunicação é, cada vez mais, considerada uma habilidade pessoal necessária para demonstrar, revelar ao mundo quem somos, como pensamos e o que conhecemos. Expressar-se bem nas relações interpessoais e profissionais garante ao indivíduo o *status* de bom comunicador, o que confere à impressão global que ele provoca uma aura de controle, competência e equilíbrio.

O domínio do conteúdo sempre recebeu todo o cuidado e investimento por parte do profissional que busca conhecer bem sua área de atuação e até outras áreas afins. Conhecimento técnico é realmente fundamental e sempre muito exigido; porém, a forma de se comunicar, o modo como a voz, a fala e o corpo interagem, transmitindo informações adicionais, mais completas sobre o profissional, a consciência e o domínio dessa habilidade devem merecer toda a nossa atenção. Um belo conteúdo, se embalado por uma fala insegura, mal articulada, com voz "fraca", sem energia, e mãos trêmulas, perde a possibilidade de impressionar positivamente, por mais interessante que seja.

Ninguém nega ou desconhece a importância do conteúdo, competência profissional incontestável, mas a "maneira de se expressar" deve também ser a nossa meta, uma vez que o impacto no resultado final é muito grande. Imagino que você consiga se lembrar com facilidade de situações quando, após assistir a uma aula ou apresentação, tenha ficado com a impressão de o profissional provavelmente saber muito, mas demonstrar grande dificuldade para transmitir o conhecimento. Em outra situação, a desorganização do conteúdo chega a comprometer o nosso julgamento a respeito do orador: "Que confuso! Será que ele realmente conhece o assunto?".

O fato é que, nos dias de hoje, principalmente, não podemos mais ignorar a necessidade e a importância da comunicação em nossas vidas.

No contexto das empresas, a comunicação interpessoal é uma ferramenta de trabalho e habilidade pessoal cada vez mais considerada no desempenho do papel profissional. Além de responsável pela imagem que passamos ao mundo, a imagem da empresa em que trabalhamos também está representada na nossa forma de comunicação. Portanto, é fundamental nos instrumentalizarmos adequadamente para essa missão!

O Professor Reinaldo Polito é uma referência na área da Expressão Verbal. As inúmeras obras que tem publicadas testemunham sua vasta experiência e seu alto nível de habilidade didática, capaz de favorecer a compreensão de todos aqueles que almejam utilizar melhor a sua expressão. Os alunos que passaram e passam por ele são testemunhas vivas de como podemos desenvolver e melhorar o nosso potencial de comunicação, sempre.

Em *Como falar de improviso e outras técnicas de apresentação*, o Professor Polito traduz, de forma ordenada e objetiva, todos os passos para alcançar a melhor *performance* nas apresentações. Iniciando pela situação de leitura, passando pelo *teleprompter*, pelo roteiro escrito, pelo cartão de notas e pelo esquema mental, podemos encontrar neste livro a orientação segura para cada uma das situações, com recomendações úteis e pertinentes para desempenharmos bem o nosso papel. No final, exercícios de fixação e um questionário de autoavaliação complementam a importante tarefa de aprimorarmos o resultado de nossas exposições. Sugiro que você leia, reflita e pratique. Até porque "improviso" sem preparação anterior tem toda a chance de passar às pessoas exatamente esta ideia: a de falta de preparação.

Instrumentalize-se e faça a diferença!

Boa leitura, bom proveito!

Profª Drª. Leny Rodrigues Kyrillos

Mestra e doutora em Ciência dos Distúrbios da Comunicação Humana pela Universidade Federal de São Paulo e professora dos cursos de Fonoaudiologia, Jornalismo e Especialização em Voz na Pontifícia Universidade Católica de São Paulo – PUC-SP.

POUCO MAIS DE DUAS PALAVRAS

Será que você poderá usar notas de apoio para falar diante do público, como, por exemplo, um roteiro escrito, a fim de ter mais segurança em sua apresentação? Ou será que recursos como esse seriam vistos como um sinal de fraqueza ou de despreparo pelos ouvintes? Quase ninguém gosta de oradores que leem o discurso, pois geralmente são muito chatos e cansativos.

Em que circunstâncias a leitura é recomendável e qual deverá ser o seu comportamento para que esta técnica seja utilizada com eficiência? Falar de improviso significa apresentar um tema que você desconhece? Como falar sobre um assunto com apenas algumas informações sobre o seu conteúdo e garantir um bom desempenho diante da plateia?

Essas sempre foram as questões mais comuns levantadas por empresários, executivos, profissionais liberais, políticos e estudantes nos cursos e palestras que tenho ministrado ao longo das últimas décadas. Se uma pessoa tiver dúvida sobre o recurso mais indicado para a apresentação que precisa fazer, ou se não souber utilizá-lo de maneira adequada, além de se sentir insegura diante dos ouvintes, poderá comprometer seu desempenho e prejudicar a qualidade da mensagem.

Como falar de improviso e outras técnicas de apresentação responde a todas essas questões e mostra o caminho para que você possa se sentir confiante sempre que precisar falar em público. É um livro que me acompanha há muitos anos. Sua utilidade foi largamente comprovada na prática por milhares de pessoas que passaram pelo nosso treinamento e também pelos leitores das edições anteriores. Tive ainda a agradável surpresa de saber que inúmeras instituições educacionais, políticas e religiosas começaram a recomendar este livro para o aprimoramento dos oradores. Em todos os tipos de exposição — desde um simples brinde a um amigo, ou pessoa da família, até a posse de presidentes das mais importantes organizações —, a obra pode orientar na escolha da técnica mais apropriada e na forma correta de treinar e exercitar a apresentação, garantindo um resultado seguro e eficiente.

Você encontrará a melhor técnica para suas apresentações profissionais, como exposição de projetos, relatórios, lançamentos de produtos, campanhas publicitárias e comunicação de resultados. Terá à sua disposição também os melhores recursos para apresentar projetos acadêmicos, como exposição oral de trabalhos de conclusão de curso, dissertações de mestrado, teses de doutorado, monografias no encerramento de cursos de pós-graduação e participação em simpósios, jornadas e encontros.

Cada vez mais você é requisitado a falar em público. E a sua competência para se expressar diante das plateias será uma das medidas mais importantes para o seu progresso profissional. Uma comunicação deficiente, hesitante, insegura poderá interromper sua ascensão e até prejudicar as conquistas que obteve ao longo da carreira, pois esse comportamento talvez mostre você como alguém despreparado e até incompetente, enquanto o bom desempenho para falar diante das pessoas poderá projetá-lo e promovê-lo a partir da identificação de uma personalidade comunicativa, confiante e desembaraçada. Um dos ingredientes mais importantes para o sucesso da comunicação é a habilidade para usar de forma correta as mais diferentes técnicas de apresentação da mensagem.

De todas as obras que reescrevi pela Editora Saraiva no projeto de reestruturação idealizado por Rogério Gastaldo, responsável pelas edições dos meus livros, esta foi a que exigiu menos modificações. Precisei apenas adaptar o texto para uma linguagem mais atual, que pudesse ser mais estimulante ao leitor e simplificar algumas técnicas no intuito de que sua utilização fosse mais prática e imediata.

Mantive os exercícios de fixação e o questionário de autoavaliação apresentados no final do livro para que você possa medir seu aprendizado e avaliar os pontos que precisarão ser revistos e aprofundados.

Estude cada uma das técnicas recomendadas a fim de saber aquela que combina melhor com seu estilo e que deixa você mais confortável. O domínio de todas as possibilidades de apresentação permitirá também que você possa lançar mão daquela que julgar mais eficiente para as diferentes circunstâncias em que tenha de se apresentar.

Reinaldo Polito

INTRODUÇÃO

Como apresentar um discurso

Para que você tenha sucesso em uma apresentação, a técnica que irá escolher para transmitir a mensagem é quase tão importante quanto a qualidade do conteúdo que deseja comunicar. Seu desempenho diante do público poderia ser prejudicado se, em uma circunstância apropriada para falar de improviso, você resolvesse ler o discurso. Assim como o resultado também talvez fosse negativo se, em uma situação adequada para a leitura, você decidisse improvisar. A dúvida quanto à forma de apresentação mais indicada para um discurso poderá torná-lo inseguro e comprometer o resultado de sua exposição diante da plateia.

Há várias formas disponíveis para você apresentar um discurso. Elas vão desde a leitura até o improviso total. É muito importante que você tenha o domínio de todas elas, pois, embora a escolha de uma ou outra deva considerar o estilo e a habilidade de cada pessoa, sua opção dependerá também — e acima de tudo — do contexto que cerca a apresentação.

Você vai constatar que nem sempre as técnicas aparentemente simples de serem utilizadas podem ser dominadas com facilidade e que, ao contrário, aquelas que à primeira vista são muito complicadas em alguns casos podem até ser aplicadas com bastante tranquilidade.

Por isso, estude cada uma das formas de apresentar um discurso e saiba quais circunstâncias devem ser observadas ao fazer a opção por uma delas.

Formas de apresentação de um discurso

Estude cada uma das formas mais importantes para apresentar um discurso:

leitura;

leitura com auxílio do *teleprompter*;

improviso planejado com auxílio de roteiro escrito;

improviso planejado com auxílio de cartão de notas;

improviso planejado com auxílio de um esquema mental;

improviso inesperado;

fala memorizada.

LEITURA

De todos os tipos disponíveis de apresentação de discurso, o mais difícil e complexo é a leitura. Raras vezes encontramos uma pessoa que saiba ler bem em público.

É tão comum observarmos oradores lendo mal que os ouvintes, em virtude de experiências negativas, tendem a se desinteressar pela apresentação antes mesmo da leitura do discurso, tornando-se alheios e até resistentes quando notam as folhas de papel nas mãos daqueles que lhes dirigirão a palavra.

O jornalista Heródoto Barbeiro conta que, certa vez, quando o ex-governador de São Paulo, Adhemar de Barros, visitava uma pequena cidade do interior do Estado, ao notar que o prefeito local preparava-se para ler uma saudação, não se conteve e, retirando rapidamente as folhas das mãos do assustado orador, disse-lhe que não precisava se dar ao trabalho, porque gostaria de ler o discurso com calma, no aconchego do seu lar.

Uma boa leitura exigirá de você muita técnica e, como consequência, muito treinamento. Só para que tenha noção das dificuldades de dominar a técnica da leitura, basta dizer que o tempo destinado ao preparo da apresentação de um discurso lido é praticamente o mesmo que seria gasto com um improviso planejado.

Veja quais são os aspectos que você deverá observar para desenvolver uma leitura eficiente e de boa qualidade:

como se preparar para ler um discurso;
como interpretar bem um texto lido;
como escrever o discurso para ser lido;
como praticar a técnica de leitura;
quando ler em público.

Como se preparar para ler um discurso

Para a realização de uma boa leitura, você deverá considerar especialmente dois itens da expressão corporal:

a comunicação visual;
a postura para ler.

A comunicação visual

Muitos oradores não olham ou olham de forma inadequada para a plateia durante a leitura. Alguns não tiram os olhos do discurso, dando a impressão de que conversam com o papel, e não com o auditório; outros olham tão rapidamente que parecem apenas querer certificar-se de que as pessoas ainda estão lá; há ainda aqueles que só levantam os olhos de maneira bem rápida, sem olhar para ninguém, como se estivessem orando ou observando o teto.

Você não precisa ter a preocupação de olhar para os ouvintes a cada palavra, mas deve ter comunicação visual com eles especialmente durante as pausas mais prolongadas e no final das frases.

Procure olhar para o auditório ao dizer as duas ou três últimas palavras de cada frase ou as que precedem as pausas mais expressivas. Com um pouco de treinamento e prática, você se acostumará a fazer, em silêncio, uma rápida leitura delas e a pronunciá-las, quando já estiver olhando para o público, com a cabeça levantada, pousando os olhos nos ouvintes para que percebam o contato visual.

Com o papel na altura da parte superior do peito, será mais fácil olhar para os ouvintes.

Se você posicionar o papel na altura da parte superior do peito, será mais fácil manter contato visual com os ouvintes, pois bastará levantar um pouco a cabeça e os olhos e o público estará à sua frente. Se o papel for posicionado mais embaixo, na altura da linha da cintura, o tempo e o esforço para olhar serão maiores, pois terá mais dificuldade para levantar a cabeça e ver as pessoas, principalmente quem estiver sentado mais no fundo da sala. Se tiver de afastar o papel para conseguir ver melhor o texto, prefira levá-lo para a frente do corpo, e não para baixo, permitindo que a distância entre os olhos e o público continue reduzida.

Ao escrever o discurso, use apenas os dois terços superiores da página, pois esse cuidado facilitará o processo da comunicação visual. Se utilizar o terço inferior, ou será obrigado a baixar muito a cabeça para ler ou precisará subir em demasia a folha, correndo o risco de seu rosto não ser visto pelos ouvintes.

Depois de olhar para os ouvintes, volte ao texto com calma, sem precipitação. Agindo assim, de maneira tranquila, poderá dar mais expressividade à mensagem.

Para não se perder enquanto olha para a plateia, habitue-se a marcar a linha de leitura usando o dedo polegar. Dessa

Use o dedo polegar para marcar a linha de leitura.

forma, quando retornar ao texto para a sequência da leitura, saberá exatamente onde a interrompeu.

Para mudar a posição do dedo polegar de uma linha para outra, segure o papel com as duas mãos.

Quanto mais os olhos se desprenderem do texto e se dirigirem ao público nas pausas expressivas e nos finais das frases, mais eficiente será a comunicação visual e melhor será o resultado da apresentação.

Distribua o contato visual olhando na direção da plateia, ora para quem está à esquerda, ora para quem está à direita. Assim as pessoas se sentirão prestigiadas, incluídas no ambiente. Quando você estiver lendo, se, ao olhar para a plateia, perceber algum tipo de resistência ou contrariedade nas pessoas, não será possível mudar o conteúdo da mensagem diante do público, já que o texto está pronto, mas, talvez, consiga interpretar a informação de maneira diferente, como, por exemplo, usando mais ou menos emoção.

A experiência demonstra que a leitura de um texto com duração aproximada de quinze minutos só permitirá um bom contato visual com os ouvintes se, antes, o discurso for lido em voz alta, entre dez e quinze vezes. A necessidade de mais ou menos treinamento dependerá muito da sua experiência em ler em voz alta diante do público. Algumas pessoas se habituaram tanto a fazer apresentações com o recurso da leitura que conseguem se preparar lendo o texto apenas duas ou três vezes antes de se apresentar diante da plateia. Os apresentadores de televisão, por exemplo, pelo fato de lerem praticamente todos os dias, conseguem um ótimo resultado já no primeiro contato com o texto.

Um treinamento bem-feito permitirá que você saiba quais palavras deverá pronunciar apenas com uma rápida passada de olhos sobre o texto. Entretanto, se essa prática fizer você decorar todo o discurso ou parte dele, quando estiver diante do público, olhe, vez ou outra, para o papel, para dar a impressão de que está lendo.

Se mantiver contato visual o tempo todo com a plateia, sem olhar para as folhas que contêm o discurso, demonstrará que a fala está decorada, e esse comportamento parecerá artificial, podendo comprometer o resultado da sua comunicação e até prejudicar sua imagem.

Ao final dos nossos Cursos de Expressão Verbal, fazemos um concurso de oratória para escolher o melhor aluno e o orador da turma. Os alunos que concorrem ao destaque de orador da turma se apresentam diante dos colegas lendo um texto que prepararam, e alguns deles, mesmo alertados sobre o fato, treinam tanto a leitura que acabam decorando e incorrendo neste erro: falam com o público sem voltar os olhos para o papel que seguram nas mãos. Por melhor que seja a apresentação, devido a esse comportamento, nunca são escolhidos.

A postura para ler

Quanto à postura para ler bem em público, considere os seguintes procedimentos:

- como segurar o papel para falar em pé;
- como segurar o papel para falar sentado;
- como segurar o papel para falar na tribuna;
- como ler diante do microfone;
- como ler com um microfone sem pedestal;
- como gesticular na leitura.

Como segurar o papel para falar em pé

Segure o papel de forma correta, posicionando o discurso na parte superior do peito. Se puser o papel muito abaixo, estará dificultando a leitura e poderá prejudicar a comunicação visual com o público. Se colocar muito alto, poderá esconder o rosto e a comunicação do semblante.

A melhor altura para o papel é mesmo a parte superior do peito. Além de ser mais elegante, facilita o contato visual, como já vimos, pois basta levantar um pouco a cabeça e os olhos para ver o público.

Como segurar o papel para falar sentado

Se você estiver lendo sentado atrás de uma mesa, levante um pouco a parte superior do papel para facilitar a leitura e

Ao ler sentado, levante um pouco o papel para facilitar a leitura.

a movimentação do corpo, pois as folhas, colocadas inteiramente sobre ela, podem impedir a perfeita visão do texto e os movimentos do tronco.

Dificilmente você estará numa situação em que tenha de ler sentado, sem uma mesa à frente, mas, se isso ocorrer, segure o papel da mesma forma como se estivesse em pé.

Como segurar o papel para falar na tribuna

Quando ler utilizando uma tribuna, evite colocar as folhas já lidas embaixo das outras; se o espaço permitir, deslize-as suavemente para o lado, de forma que o auditório nem perceba tal procedimento. Você poderá ler com as folhas em cima da tribuna ou segurá-las com as duas mãos mantendo-se um pouco afastado, para ter maior liberdade de movimentação. Se você estiver muito nervoso, prefira deixar as folhas sobre a tribuna para que os ouvintes não percebam o tremor das mãos.

Como ler diante do microfone

Para ler diante de um microfone posto num pedestal, posicione a folha na altura da parte superior do peito, conforme já orientado. Deixe o microfone um pouco abaixo do queixo (de um a dois centímetros) e, com uma das mãos, segure a folha próximo da extremidade superior e, com a outra, próximo da base do papel. Observe que é "próximo" das extremidades, e não exatamente nelas. Faço esse comentário porque, quando oriento as pessoas sobre a forma de segurar o papel para a leitura, no início algumas seguram rigorosamente na pontinha, com postura forçada e artificial.

A mão que segura o papel perto da extremidade inferior deve ficar junto à haste do pedestal. Precisando gesticular, ela se movimentará de um lado da haste, enquanto o papel

Postura para ler diante de microfone em pedestal.

ficará do outro. Ao voltar com a mão que gesticula, o discurso estará próximo da haste, permitindo que você o encontre sem dificuldade para segurá-lo de novo.

Não abrace o pedestal para segurar o discurso, porque, além de ser uma atitude deselegante, poderá prejudicar sua leitura.

As mesmas precauções deverão ser observadas se você falar sentado diante de um microfone posto em um pedestal de mesa. Segure o papel um pouco ao lado da haste e, se precisar gesticular, use a outra mão. Se mantiver o discurso entre você e o microfone, este poderá ficar muito distante e não captar bem a voz.

Como ler com um microfone sem pedestal

Evite segurar o microfone quando tiver de ler. É desconfortável e dificultará a leitura, principalmente quando for preciso mudar a folha.

Se o microfone não possuir pedestal, prefira que alguém com alguma experiência em falar em público o segure enquanto você faz a leitura. É importante que essa pessoa tenha noção da distância que deve manter o microfone da boca e de onde ela precisa ficar para que não atrapalhe seu contato com o público.

Como gesticular na leitura

Nas apresentações com discurso lido, os gestos devem ser moderados e feitos, principalmente, para indicar as mensagens mais significativas.

Gestos completos, apontando o estômago para se referir à fome, a cabeça para falar de ideias, ou o peito para fazer referência a sentimentos, em geral são desaconselháveis, devendo ser reservados somente para momentos de grande emoção.

Um erro muito comum da maioria dos oradores é fazer um gesto durante a leitura e voltar a mão, de maneira precipitada, para a posição de apoio junto ao corpo, ou em busca da folha de papel. Principalmente na leitura, o gesto precisa aguardar com "paciência", até que a ideia seja completada — só então haverá a volta à posição inicial. Assim, com calma, sem ficar afobado, você poderá usar bem a gesticulação e evitar o excesso de movimentos. Lembre-se sempre, entretanto, de que, na leitura, os gestos, de maneira geral, conforme disse há pouco, devem ser reduzidos.

Quando a mão não for usada na gesticulação, prefira deixá-la segurando o papel, em vez de mantê-la parada próximo ao corpo, sem atividade.

Outro defeito bastante comum e que poderá ser evitado, embora nem sempre chegue a comprometer, é ficar movimentando o braço para cima e para baixo, de acordo com o ritmo da leitura e a inflexão da voz. Se esse gesto de marcação for realizado uma vez ou outra, será até uma atitude recomendável, pois ajudará a marcar o ritmo e a cadência da fala, mas, em excesso, desde o princípio até o final, poderá se tornar muito evidente, desviar a atenção do público e comprometer o resultado da apresentação.

Procure não gesticular nas primeiras palavras, pois os movimentos dos braços, logo no início da leitura, em geral são artificiais e desnecessários. No começo, segure o discurso com as duas mãos e só inicie os gestos depois da primeira ou segunda frase.

Evite mudar a mão que segura o papel. Se a troca ocorrer uma vez ou outra, não haverá problemas, mas realizá-la com frequência poderá distrair o público e atrapalhar a concentração dos ouvintes.

Pronuncie a última frase sem olhar para o texto.

Uma estratégia que dá um bom resultado é reter na memória a mensagem do encerramento, a última ou as duas últimas frases do discurso, e, no momento de concluir, baixar o papel com o braço estendido ao lado do corpo e transmiti-la ao público como se estivesse falando de improviso. Quando esse recurso é utilizado a partir de um bom treinamento, parecerá espontâneo, podendo causar uma impressão bastante positiva nos ouvintes. Você não precisa temer o risco de esquecer essa mensagem, pois, se a memória falhar no momento de comunicá-la, as informações estarão no papel para serem lidas sem maiores problemas.

■ Como interpretar bem um texto lido

Qualquer texto poderá ser bem interpretado se forem seguidas as seguintes recomendações:

> escreva como se estivesse falando com um pouco mais de formalidade;
> coloque as informações importantes no início da frase;
> escolha seu próprio método de marcações.

Essas recomendações também são válidas se o texto for redigido por outra pessoa.

Escreva como se estivesse falando com um pouco mais de formalidade

Um texto adequado para a leitura precisa ser produzido em uma linguagem que facilite a fluência da apresentação e o entendimento dos ouvintes. Por isso, substitua por palavras mais simples todas aquelas que de alguma maneira puderem dificultar a leitura.

Embora o discurso preparado para a leitura possa ser um pouco mais formal do que a fala que usamos no cotidiano, evite usar palavras com as quais não esteja muito bem familiarizado. Quando o discurso estiver pronto, faça uma revisão geral, excluindo ou substituindo palavras e expressões que considere muito complexas ou desnecessárias.

Existe também diferença entre escrever um texto para ser lido em silêncio e outro para ser lido em voz alta. Quando lemos em silêncio, se alguma frase não fica muito clara ou se temos dificuldade para compreender determinada palavra, podemos voltar quantas vezes forem necessárias para entendermos a informação. Na leitura em voz alta, se algum tipo de obstáculo impedir que o público perceba de forma correta a mensagem, ele não conseguirá esclarecer a dúvida, podendo, então, desinteressar-se do restante da fala ou interpretá-la de forma distorcida.

Ao redigir o discurso, procure produzi-lo em uma linguagem que envolva rapidamente os ouvintes. Construa frases na voz ativa, provavelmente como faria se estivesse conversando com alguém. Assim, em vez de escrever "A comunicação visual deve ser considerada um importante recurso para conquistar o público durante a leitura", dê preferência a "Considere a comunicação visual um importante recurso para conquistar o público durante a leitura". Os ouvintes sentirão que o discurso está sendo dirigido para eles, o que fará com que se envolvam mais facilmente com a mensagem.

A boa regra para escrever um bom discurso é, como acabamos de ver, optar por frases simples e utilizar um vocabulário com termos fáceis para a leitura e para a rápida compreensão pela plateia.

Coloque as informações importantes no início da frase

Analise cada frase atentamente e tenha o cuidado de verificar se as informações importantes, consideradas chaves na transmissão da mensagem, foram incluídas logo no início. Se elas forem colocadas no final, a plateia terá de guardar mentalmente toda a sequência introdutória para compreender a mensagem na conclusão do raciocínio. Se esse esforço é possível para quem lê um texto em silêncio, o mesmo não ocorre com o ouvinte.

Observe como seria mais difícil, para quem ouve, acompanhar e compreender a sequência das informações nesta primeira frase, e como seria mais simples na segunda:

Tendo ocorrido uma retração na procura dos nossos produtos, em virtude do momento recessivo que vem pressionando o mercado consumidor nos últimos seis meses, resolvemos, em caráter provisório, reduzir os nossos preços em 50% sobre a tabela vigente no mês passado.

Agora, a mesma frase, com a ideia importante no início e algumas modificações:

Resolvemos, em caráter provisório, reduzir os nossos preços em 50% sobre a tabela do mês passado. Isso se deve à retração na procura de nossos produtos, causada pelo aumento recessivo que vem pressionando o mercado consumidor nos últimos seis meses.

Esse ajuste da comunicação escrita para a falada deverá ser feito mesmo que você utilize os serviços de um escritor profissional de discursos. Embora ele possa ter muita prática nessa atividade, talvez não saiba bem qual é o seu estilo e como você se sente melhor falando.

Escolha seu próprio método de marcações

Desenvolva um método próprio para fazer marcações no seu discurso, como, por exemplo, traços verticais para indicar as pausas mais expressivas e traços horizontais embaixo das palavras que necessitam de maior ênfase na pronúncia.

Na fase de treinamento, você poderá usar ainda outras marcações que serão úteis para a boa interpretação do texto.

Ponha acentos nas sílabas mais fortes para alertar que elas deverão ser enfatizadas, independentemente das regras de acentuação – são os acentos expressivos. Às vezes duas ou três palavras precisam ser lidas na sequência, como se fossem uma só, para atingir boa expressividade. Essa união das palavras para serem lidas de uma só vez poderia ser indicada com um meio-círculo (∪) ligando a última sílaba da última palavra à primeira da palavra seguinte.

Algumas sugestões de marcação em texto para leitura em voz alta:

Pausa expressiva

A pausa expressiva, cujo sinal é uma barra (/), serve para valorizar a informação transmitida ou a que vem a seguir, facilita a respiração e proporciona ritmo e melodia à leitura.

Embora as pausas sejam naturais no encerramento das frases, com o ponto-final, mesmo assim é sempre recomendável colocar a indicação da pausa expressiva para alertar sobre a entonação de voz a ser utilizada. Veja como o texto do parágrafo anterior poderia ser marcado com a pausa expressiva para uma leitura em voz alta:

A pausa expressiva/serve para valorizar a informação transmitida/ou a que vem a seguir,/facilita a respiração/e proporciona ritmo e melodia à leitura/.

Se você sentir necessidade de marcar o discurso pondo acentos nas sílabas mais expressivas das palavras que tenha de pronunciar com mais ênfase, ou de acrescentar sinais de unificação que indiquem que a última sílaba de uma palavra deva ser pronunciada junto com a primeira sílaba da palavra seguinte, como se as duas palavras fossem uma só, faça o possível para usar as marcações apenas na fase dos treinamentos, até desenvolver a entonação de voz apropriada, retirando-as na apresentação final, a fim de evitar que o texto fique "poluído" visualmente.

Além dessas marcações sugeridas, você poderá usar traços horizontais embaixo de uma palavra muito importante para o entendimento da mensagem, ou uma linha tracejada quando tiver a intenção de dizer pausadamente (pau-sa-da-men-te) todas as sílabas.

Não existe regra única para marcar um texto, e você deverá escolher o tipo de sinal com o qual mais se adapte e que facilite a interpretação da sua leitura. Talvez você prefira o uso de canetas coloridas, ou, quem sabe, se sinta mais à vontade marcando todo o texto com detalhes. Pode ser também que, para o seu estilo, seja mais apropriado assinalar apenas algumas partes que considere mais importantes.

A marcação cumprirá sua finalidade desde que permita treinar as pausas e as ênfases de modo correto. O que precisa ser evitado é, por não ter marcado o texto, fazer, a cada treinamento, uma pausa em um lugar distinto e pôr ênfase em palavras diferentes. Assim, no momento da apresentação, ainda poderá se sentir inseguro, por não saber se dará ou não ênfase à palavra correta ou se promoverá a pausa expressiva no local mais conveniente.

Você poderá também marcar o final das frases e as pausas mais significativas com dois traços, isto é, um além do já existente na pausa expressiva, a fim de indicar o momento de olhar para a plateia.

Ao ler, procure dar vida ao texto. Alterne a velocidade da fala e o volume da voz. Pronuncie as palavras usando a inflexão da voz de acordo com o sentido da mensagem. Cuidado para não incorrer no erro comum de sempre diminuir ou aumentar o volume de voz no final das frases: alterne de acordo com a natureza do que está sendo transmitido e com a expressividade que pretende empregar. As marcações devem servir para ajudá-lo a interpretar a leitura do texto de forma mais eficiente, entretanto, nunca deverão ser percebidas pelos ouvintes. Em tempo: não leia um texto em voz alta como se recitasse. É um estilo de comunicação incorreto e tedioso.

▪ Como escrever o discurso para ser lido

Você já viu como o discurso deve ser elaborado para possibilitar a interpretação da mensagem. Observe agora os cuidados que deverá ter para colocá-lo no papel, de modo a facilitar a leitura diante do público. Para isso, leve em conta as seguintes sugestões:

> a escolha do papel;
> a disposição do texto no papel;
> mais dois cuidados importantes.

A escolha do papel

A escolha do papel ideal em que o discurso deverá ser impresso é o primeiro passo para aumentar as chances de sucesso da sua apresentação.

Muitos ficam com as mãos trêmulas para ler.

Papéis que provocam o reflexo excessivo da luz podem prejudicar a visão no momento de ler. Escolha papéis opacos, que evitam o reflexo da luz e melhoram as condições de leitura. Folhas muito finas são mais difíceis de controlar nas mãos durante a leitura, por isso prefira as de gramatura mais encorpada.

Muitos se queixam das mãos trêmulas quando precisam ler em público. Esse nervosismo ocorre não apenas com os oradores iniciantes, mas também com outros já bastante experimentados. Sabemos que um dos motivos do aparecimento do medo é o medo de sentir medo. Em geral, é essa a origem dos tremores nas mãos daqueles que leem em público. Temos consciência de que, se surgir algum tipo de nervosismo durante a leitura, nossas mãos ficarão trêmulas e o auditório perceberá as folhas balançando. Quando nos ocorre a possibilidade de que esse fato possa acontecer, para nós é como se ele já estivesse consumado. Julgamos que ficaremos nervosos ao nos apresentarmos para ler diante do auditório; avaliamos que a nossa imagem ficaria enfraquecida e poderia ser prejudicada. Com receio de que isso possa acontecer, entra em funcionamento o mecanismo do medo e ficamos nervosos com a descarga de adrenalina. Assim, começamos a ter medo de sentir medo e, nesse círculo vicioso, ele passa a ser causa e consequência ao mesmo tempo.

Ora, se essa é uma das maiores razões para o aparecimento do nervosismo quando lemos em público, é possível atenuar o medo com a utilização de um papel mais grosso e mais encorpado para a leitura. Com ele, mesmo que você fique nervoso e suas mãos tremam um pouco, os ouvintes não perceberão, e só o fato de saber que o público não notará esse pequeno tremor talvez seja suficiente para que encontre mais tranquilidade e não trema.

Na falta de um papel mais grosso para imprimir o discurso, você poderá, de maneira discreta, colar uma folha de cartolina nas mesmas dimensões do papel em que o discurso foi impresso.

Alguns oradores preferem valer-se de uma pasta de papelão como apoio. Esse é um bom recurso, que atinge o mesmo objetivo de disfarçar o tremor das mãos. Se optar por esse expediente, tenha o cuidado de pôr as folhas já lidas embaixo das outras, e não embaixo da pasta, porque, soltas, seria mais difícil controlá-las.

A disposição do texto no papel

Imprima o seu discurso com espaços duplos ou triplos e dobre essa distância entre um parágrafo e outro. Use somente os dois terços superiores da página, a fim de facilitar a comunicação visual; deixe margens mais largas para segurar as folhas com mais conforto e até fazer eventuais anotações. Imprima o texto em apenas uma das faces da folha.

Não deixe frases incompletas no final da página: termine sempre com ponto final, evitando assim virar o papel apressadamente em busca da conclusão na folha seguinte.

Para que você possa ver melhor, ao imprimir o discurso, escolha corpo grande de letras, bem legíveis, optando por uma qualidade de impressão que facilite a leitura. Evite escrever todas as palavras em letras maiúsculas: prefira escrever em caracteres minúsculos, mas em corpo grande. Os caracteres minúsculos possuem desenho que facilitam a leitura.

Mais dois cuidados importantes

- Misture números com palavras para facilitar a identificação de cifras. Por exemplo, prefira escrever 85 milhões em vez de 85.000.000 ou oitenta e cinco milhões.

- Lembre-se de numerar todas as folhas, no intuito de não ter problemas na localização das páginas, e evite o uso de grampos ou clipes; deixe-as soltas, de modo a poder manuseá-las mais facilmente.

■ Como praticar a técnica de leitura

Siga todos os passos das orientações de treinamento para desenvolver a técnica da leitura em voz alta. Não se preocupe se encontrar alguma dificuldade no início dos exercícios; com o tempo ela será superada.

A fim de facilitar seu estudo da leitura em voz alta, veja algumas orientações para você seguir e como praticar a partir da sugestão de um exercício completo:

dez orientações para treinar a leitura;
exercício de leitura.

Dez orientações para treinar a leitura

1 — Selecione um texto curto para o treinamento de leitura de, no máximo, cinco minutos.

Escolha o discurso de um político ou empresário que tenha sido publicado recentemente. Sendo recente, é provável que a sua linguagem seja atual, própria para os ouvintes dos dias de hoje.

2 — Imprima o discurso em letras com corpo grande, em espaços duplos ou triplos, e use apenas os dois terços superiores da página. Tente encontrar um papel grosso e aproveite apenas uma das faces da folha. Lembre-se de numerar as páginas na parte superior direita, para ir se acostumando com esse procedimento. Não use grampos ou clipes para prendê-las.

3 — Faça duas leituras do texto em voz alta, para sentir bem a mensagem e se familiarizar com o conteúdo e os termos empregados. Nesta etapa, não se preocupe em falar em pé ou olhar para a frente, tentando ver um hipotético auditório. Concentre-se apenas no texto e prefira fazer essas leituras sentado. Se encontrar palavras de pronúncia difícil, substitua-as por termos mais simples.

4 — Faça marcações no texto para facilitar sua interpretação. No início, inclua as pausas expressivas. Lembre-se de que só deverá marcar o texto com os acentos expressivos e os sinais de unificação de palavras se julgar realmente necessário. Destaque as palavras que merecem maior ênfase com um traço horizontal embaixo delas. Finalmente, coloque o traço adicional no final das frases e das pausas mais significativas como indicador do momento de olhar na direção dos ouvintes.

37

Para fazer as marcações, leia cada uma das frases do texto em voz alta.

Realize uma primeira leitura da frase toda, no intuito de sentir onde deverá fazer as marcações. Repita a leitura, sinalizando os pontos que identificam as pausas expressivas. Agora, leia pela terceira vez, para confirmar se as pausas correspondem às suas expectativas e à expressividade desejada. Se ficar em dúvida, repita a leitura mais uma ou duas vezes.

Observe que, até aqui, apenas na fase de preparação do texto, você já deverá ter realizado aproximadamente dez leituras.

5 — Após ter marcado todo o texto, ainda sentado, faça mais três leituras e procure interpretá-lo da maneira mais correta possível. Observe se está conseguindo alternar a velocidade da fala e o volume da voz e se está pronunciando bem as palavras, sem artificialismo.

6 — Faça o exercício de frente para uma parede e certifique-se de que ninguém atrapalhará o seu treinamento.

Segure o discurso na parte superior do peito, com o papel um pouco abaixo do queixo, para não esconder o semblante. Com uma das mãos, segure a folha próximo da extremidade superior e, com a outra, próximo da base. Se a postura estiver rígida, relaxe um pouco; desse modo, ficará mais natural.

7 — Inicie a leitura usando o dedo polegar para seguir a linha a ser lida.

Leia o texto em voz alta e pronuncie as duas ou três primeiras palavras que precedem a marcação dos dois traços para a comunicação visual quando estiver olhando para a parede. Para que a comunicação visual seja eficiente, leia essas duas ou três palavras em silêncio antes de pronunciá-las com a cabeça levantada, olhando para a frente. Esse treinamento é importante para desenvolver o sincronismo entre a leitura do texto e a comunicação visual com o público.

Embora os gestos na leitura devam ser moderados, durante a fase de treinamento, faça os movimentos nos instantes em que a mensagem seja mais significativa, deixando que o braço explique as informações o tempo todo, sem pressa de voltar à posição de apoio. Segure o papel com as duas mãos quando precisar fazer a mudança da linha de leitura com o polegar.

Se sentir muita dificuldade em fazer os gestos, ou se perceber que parecerá artificial, dispense a gesticulação.

A execução das pausas e das ênfases deverá ser bem acentuada apenas na fase de treinamento; quando se apresentar diante do público, os ouvintes não poderão perceber que você está seguindo alguma marcação no texto. Como exercício, fale bem mais alto do que falaria normalmente.

Faça esse treinamento da leitura quatro vezes diante da parede.

8 — Neste momento, você já estará bem familiarizado com o discurso e em condições de fazer a leitura de maneira correta e expressiva. Leia com naturalidade, pelo menos duas vezes, interpretando bem o texto.

Use um celular ou uma câmera para gravar sua última leitura.

9 — Assista à gravação. Verifique se cometeu algum erro ou se precisa reformular determinada parte da leitura.

10 — Grave mais uma vez com as correções feitas.

Se saiu tudo bem, está na hora de trocar esse texto por outro e fazer um novo treinamento.

Use uma câmera para treinar.

39

Você não precisará de mais do que meia dúzia de exercícios completos como esse para dominar totalmente a técnica de leitura. Também não será necessário realizar todos de uma vez. Para assimilar e incorporar definitivamente a técnica da leitura, procure fazer a série de exercícios em períodos inferiores a vinte dias. Pode ter certeza de que assim você irá conquistar excelente habilidade para ler.

Esses exercícios vão ajudá-lo a desenvolver uma postura correta, gestos harmoniosos, comunicação visual eficiente, boa cadência, ritmo agradável, pronúncia compreensível das palavras e, acima de tudo, apurada técnica de leitura.

Ao completar todos os exercícios recomendados, você estará tão bem preparado para ler em voz alta que, quando precisar falar em público usando essa técnica, com algumas poucas leituras vai se sentir pronto para a apresentação.

Se você teve poucas oportunidades para ler em voz alta e, por isso, possui deficiências nessa atividade, deverá dedicar-se a um treinamento intenso de leitura, sem se preocupar com comunicação visual, postura, gesticulação e marcações. Pelo menos durante trinta dias, pratique a leitura diariamente, de quinze a vinte minutos, em voz alta, usando textos de jornais ou revistas.

Como as pessoas, em geral, não leem bem em público, depois desse treinamento, ao fazer a leitura de um discurso, a plateia terá prazer em ouvi-lo, somente por sua técnica, independentemente até do conteúdo.

Não é fácil, dá muito trabalho, mas vale a pena.

A minha experiência treinando as pessoas para fazer apresentações utilizando o recurso da leitura em voz alta mostrou que o aprimoramento dessa técnica ajuda muito no desenvolvimento da comunicação feita de improviso, pois aperfeiçoa a postura, a respiração, a dicção, o ritmo e a cadência da fala. Enfim, torna mais eficientes distintos aspectos da expressão verbal.

Exercício de leitura

Use este trecho do discurso de Henry Kissinger para fazer o seu primeiro exercício. Siga fielmente todos os passos recomendados nas orientações de treinamento para desenvolver a técnica de leitura em voz alta.

"Em uma desolada colina de Giza, a umas três milhas do centro do Cairo, existe uma casa simples de fim de semana, que o presidente Sadat ocupa às vezes. Sua característica principal é um amplo balcão com vista para as pirâmides. A luz e a sombra mudam constantemente a forma desses imponentes triângulos que parecem recostar-se uns sobre os outros. São estruturas ao mesmo tempo simples e monumentais, que têm resistido aos embates da natureza e aos estragos do homem durante toda uma eternidade. Em nenhuma outra parte do mundo se sente o homem tão diminuído diante das suas próprias conquistas. Nesse mar de areia dividido pelo grande Vale do Nilo, que se estende em linha reta por centenas de quilômetros, não existe monumento natural que diminua tanto o homem. As características mais assombrosas são todas obras do homem: desafiam o tempo e a falibilidade humana. Os egípcios ergueram enormes edifícios que os fazem lembrar tanto as limitações do homem como o alcance das suas aspirações ao longo da história.

Poder-se-ia perguntar se Anuar el Sadat estava nesse balcão quando concebeu pela primeira vez sua viagem a Jerusalém, um passo simples e impressionante, como as próprias pirâmides. Sabemos, assim, que não muito longe dessa casa de fim de semana há delegados israelenses e egípcios que consomem semanas reunindo-se em um velho hotel. Está de acordo com o espírito de uma região onde a miragem e a realidade se misturam, que as negociações se efetuem a um nível burocrático, o que garante que não poderia produzir-se nenhum progresso significativo até o encontro do presidente Sadat e o primeiro-ministro Begin na Ismailia. Sem dúvida, a simples presença de diplomatas israelenses no Cairo serve para essas manifestações simbólicas de caráter popular que são tão queridas ao coração dos árabes. Essas grandes manifestações são importantes, sejam espontâneas ou organizadas pelo governo. Dois grandes povos voltam a reunir-se como iguais. Durante milênios, ambos sofreram e suportaram o sofrimento; ambos demonstraram estar obcecados com a permanência: os egípcios mediante a arquitetura, os judeus com a lei moral. Agora ambos empreenderam a busca da permanência mais difícil de conquistar: uma paz duradoura."[1]

Se você estiver encontrando dificuldade para fazer a marcação do texto, observe, a seguir, uma sugestão para as primeiras frases.

Lembre-se de que se trata apenas de uma sugestão e, se estiver diferente da sua, não significa que você esteja errado. Tudo dependerá do seu estilo de falar. Para facilitar o exercício, marquei apenas as pausas expressivas (/) e as indicações para a comunicação visual (//), pois, normalmente, são suficientes para que a leitura tenha ótima qualidade e seja eficiente.

Em uma desolada colina de Giza,/a umas três milhas do centro do Cairo, /existe uma casa simples de fim de semana,/que o presidente Sadat ocupa às vezes//. Sua característica principal/é um amplo balcão com vista para as pirâmides//. A luz e a sombra mudam constantemente a forma desses imponentes triângulos/que parecem recostar-se uns sobre os outros//. São estruturas ao mesmo tempo/simples e monumentais,//que têm resistido aos embates da natureza/e aos estragos do homem durante toda uma eternidade//.

A leitura com o uso dos *tablets*

A leitura de discurso nos *tablets* ou o uso desses aparelhos como recurso de apoio, roteiro escrito ou anotações ocorre desde o aparecimento desses equipamentos. Foi uma revolução estonteante. Afinal, foram séculos de experiência com discursos impressos em papel. A novidade surpreendeu muita gente. E, como é natural, no início provocou resistências.

---

[1] Kissinger, Henry. *Afirmaciones públicas*. Buenos Aires: Emecé Editores, 1981, p. 101.

Hoje a leitura com esses aparelhos é bastante comum, mas demorou a serem adotados de maneira generalizada. Assim que o iPad® foi lançado, pesquisei para ver quem o utilizava para a leitura de discursos. Soube de experiências em alguns países, especialmente nos Estados Unidos, mas nada que pudesse indicar naquela época um novo hábito na forma de fazer apresentações. Afinal, o mundo vivia um processo de transição.

Como curiosidade, vale a pena mencionar um episódio interessante que ocorreu com Michele Bachmann, candidata à presidência pelo partido republicano nos Estados Unidos. Ela prometeu que não usaria o *teleprompter*, mas lançou mão de um iPad® para ler o discurso. Esse fato ocorreu em dezembro de 2011.

Ela falou ao ar livre e no local parecia ventar bastante. Um *tablet*, naquela circunstância, embora muito mais pesado, foi mais fácil de segurar do que folhas de papel. Como para a maioria era novidade, dá para notar no vídeo e nas fotos que registraram o evento que as pessoas ao lado de Michele disfarçavam, mas olhavam mais para o aparelho nas mãos da oradora e prestavam menos atenção ao discurso.

Há um caso anterior, noticiado no Canadá em outubro de 2010, com a seguinte chamada: "Gordon Barnhart lê discurso usando iPad®". A manchete da notícia dizia que era só questão de tempo para que o *tablet* fosse usado no parlamento. A foto ilustrativa mostrava o orador com o aparelho colocado naturalmente sobre a tribuna.

Outra notícia mais antiga ainda, a mais antiga que encontrei sobre o uso de *tablet* por uma personalidade para ler o discurso, foi uma do prefeito de Nova Iorque, Michael Bloomberg. A notícia é de junho de 2010: "Prefeito Bloomberg dispensa cartão de notas por um iPad®". Estou mencionando esses exemplos todos para mostrar que o assunto está entre nós há muitos anos.

Eu me lembro de quando um leitor de uma das colunas sobre comunicação que mantenho em um portal me escreveu com uma questão curiosa: queria saber se teria algum problema se usasse o *tablet* para ler o discurso de agradecimento a um título de cidadão que recebeu em uma cidade do interior de São Paulo. Naquele momento, essa questão era surpreendente e uma grande novidade.

Ponderei bem sobre os motivos que levariam alguém a substituir o papel pelo *tablet* para ler discursos em público. Relacionei alguns pontos favoráveis, outros contrários e concluí que o aparelho até apresentava vantagens sobre o papel. No caso daquele leitor, entretanto, sugeri que continuasse lendo os discursos impressos em papel por um motivo relevante: ele não dominava totalmente o aparelho. A regra é simples: quando pensar em usar novidades tecnológicas na comunicação e estiver em dúvida sobre o resultado, lance mão do tradicional.

Embora os *tablets* sejam desconfortáveis para segurar, exijam bastante traquejo de uso para não provocar insegurança no orador e em determinados casos até prejudiquem a concentração dos ouvintes, não há dúvida de que estão cada vez mais presentes na arte de falar em público. Tirando esses inconvenientes mencionados, são muitos os benefícios.

Considere que você poderá receber discursos de última hora, mesmo que já esteja no evento, diante da plateia. Utilizar um *tablet* demonstra atualização tecnológica. Permite a escolha do tamanho da letra de acordo com a capacidade de visão do orador. Possibilita a projeção de gráficos e ilustrações no momento da leitura.

Além dessas vantagens, você poderá arquivar no aparelho todos os discursos para que consulte a qualquer tempo. Assim, evitará repetir informações para a mesma plateia. Ficará mais simples para disponibilizar em *links* o texto para jornalistas ou outras pessoas interessadas.

Se você estiver acostumado a usar *tablets* em suas tarefas corriqueiras, provavelmente também se sentirá à vontade para ler discursos nesses aparelhos. Se, entretanto, eles constituírem uma novidade em sua vida, cuidado, porque ler diante de uma plateia já não é tão simples, com uma preocupação adicional poderá ser ainda mais complicado.

■ Quando ler em público

A maioria dos discursos lidos, se proferida de improviso ou com auxílio de recursos de apoio, traria muito mais eficiência e melhores resultados. Por mais aprimorada que seja sua técnica para ler em público, será desvantajosa quando comparada com a fala de improviso.

Seria impossível relacionar todas as situações que exigem a leitura do discurso. Como orientação geral, decida-se por ela nas circunstâncias mais formais, quando for esperado o seu pronunciamento e as informações exigirem cuidados mais rigorosos.

Veja alguns casos em que o discurso lido seria recomendável:

■ Quando o público o espera para proferir um discurso de apresentação ou saudação a uma importante personalidade, ou para agradecer um prêmio, uma homenagem, principalmente se tiver divulgação pela imprensa. Nas homenagens e agradecimentos mais solenes e revestidos de maior importância, a leitura é recomendada, porque é comum o orador introduzir informações mais elaboradas, que sustentam causas políticas ou ideológicas, representam os pensamentos de entidades ou grupos de pessoas e, por isso, requerem maior cuidado na sua transmissão.

■ Nos pronunciamentos cujos dados se baseiam na lei, como as decisões judiciais, e precisam estar isentos de dúvidas, falhas ou erros.

A leitura também é indicada nos pronunciamentos oficiais.

- Nos pronunciamentos de autoridades do governo, para divulgação de planos oficiais ou decisões importantes.

- Nos informes de pareceres técnicos, de estudos científicos e de qualquer dado que dependa fundamentalmente da precisão de cifras, fórmulas e datas.

- Nas solenidades de posse de presidentes ou diretores de entidades em cujos discursos, em geral, são estabelecidas as bases e o programa de sua gestão.

- Nas cerimônias de transmissão de cargo de presidente e diretores de entidades, quando fazem um balanço das suas realizações.

- Nas formaturas, quando o discurso do orador da turma deve representar a essência do pensamento do grupo como um todo, e que, por isso, não deveria ser improvisado.

- Nos eventos em que o rigor da programação exige tempo de fala cronometrado.

Além das circunstâncias analisadas, talvez possamos encontrar mais um ou outro caso que exija a leitura em público. Caberá a você decidir sobre a forma de expor a sua mensagem, qual a mais adequada às exigências de cada momento, lembrando sempre que o discurso lido, como técnica de apresentação, deverá ser uma das últimas opções.

LEITURA COM AUXÍLIO DO
TELEPROMPTER

O *teleprompter* é um equipamento muito simples e bastante eficiente, idealizado para permitir a leitura de textos de maneira que os ouvintes mal percebam que o orador está lendo.

Teleprompter **para palco ou tribuna**

O texto é inserido em um programa próprio de computador e projetado, por meio de monitores, sobre placas de cristal, que ficam à frente do orador.

Devido à angulação das placas e à sua superfície espelhada, o orador consegue ler o texto refletido como se estivesse de fato mantendo contato visual com a plateia e falando de improviso, de forma que os ouvintes praticamente não percebam a leitura.

As placas de cristal transparentes permitem que o público, por sua vez, veja o rosto do orador sem perceber o texto projetado pelo aparelho devido a um tratamento próprio na superfície do monitor.

No princípio, o *teleprompter* foi utilizado nos estúdios de televisão, principalmente para apresentações de programas de jornalismo. Nesse caso, dentro dos estúdios, a placa de cristal é acoplada, com angulação própria, em frente à câmera.

O orador lê o texto projetado na placa espelhada e, como olha na direção da lente da câmera, os telespectadores recebem a mensagem como se ele estivesse falando de improviso.

Mais tarde, os políticos, depois de conhecerem as vantagens desse recurso nos seus pronunciamentos pela televisão, passaram a utilizá-lo em outros ambientes e, hoje, profissio-

Teleprompter **para estúdio**

nais de todas as áreas, em especial empresários e executivos, se valem do *teleprompter* nas suas apresentações.

A instalação de duas placas de cristal colocadas lateralmente, refletindo o mesmo texto, permite que o orador gire a cabeça e o tronco como se estivesse olhando para todo o auditório. Podem ser colocadas placas de cristal adicionais se a circunstância exigir ou indicar a conveniência de maior deslocamento do orador na frente do público.

Em geral, os aparelhos de *teleprompter* possuem placas de cristal de aproximadamente 20 centímetros de largura por 25 centímetros de altura, fixadas em hastes reguláveis de acordo com a estatura do orador. De maneira geral, cada placa comporta de quatro a sete linhas de até 20 caracteres por linha (cerca de quatro a cinco palavras). Essa quantidade de linhas e de palavras pode ser alterada de acordo com o tamanho de letras utilizado como fonte. Para facilitar a escolha do usuário, as empresas prestadoras desse serviço costumam disponibilizar três opções de fontes, que são selecionadas conforme a capacidade de leitura do orador.

As placas produzidas com essas características ficam praticamente imperceptíveis a partir de 6 metros de distância do público. Em geral, são instaladas de 1 a 1,5 metro de distância do orador, para uma perfeita visibilidade do texto.

Como curiosidade, é interessante mencionar que, anteriormente, bem no princípio, existia um outro processo de utilização do *teleprompter*, o qual ficou completamente ultrapassado com a chegada dos sistemas computadorizados. A imagem de um texto impresso ou datilografado era captada por uma câmera, transmitida para um monitor e, por fim, para a placa de cristal. Nesse sistema, um assistente de operação acionava uma esteira que movimentava o texto de acordo com a velocidade da leitura do orador.

Assistência de um operador experiente

Obs.: Tanto nos casos de compra como nos de aluguel, é comum o usuário do *teleprompter* receber da empresa fornecedora assistência para que possa entender o funcionamento do aparelho e treinar suas apresentações.

Os programas são preparados para que o usuário possa armazenar o texto em um *pen drive*. Assim, o orador pode fazer um treinamento criterioso sozinho, em casa ou no escritório, e, na hora da apresentação, bastará colocar o *pen drive* no computador para ter o discurso da forma como foi ensaiado.

Um *teleprompter* completo poderá ser adquirido ou alugado. A opção vai depender muito da frequência com que for utilizado. De maneira geral, quando o uso é apenas esporádico, o aluguel é sempre mais conveniente, pelo fato de o orador poder contar com os equipamentos mais atualizados e com a assistência de um operador experiente.

É preciso um certo treino para se habituar à leitura de quatro a cinco palavras por linha, sem ter a visão de toda a frase. Nas primeiras vezes, a fala sai um pouco truncada e o orador se apresenta com artificialismo. Com a prática, a leitura adquire um ritmo natural e o comportamento diante do aparelho passa a ser espontâneo.

Veja, a seguir, como um dos fabricantes faz a promoção do seu produto.

AGORA FICOU MAIS FÁCIL FALAR EM PÚBLICO!

SEMINÁRIOS
CONGRESSOS
APRESENTAÇÕES
DISCURSOS
REUNIÕES
CONVENÇÕES
EVENTOS

TELEPROMPTER EXECUTIVO "STUTZ PROMPTERS"[2] — O MÉTODO MAIS MODERNO E EFICIENTE PARA A COMUNICAÇÃO COM GRANDES PLATEIAS

– Você fala olhando diretamente para a plateia, com total segurança.
– O equipamento é quase invisível para a audiência.
– Relaxa o palestrante, que não fica preso aos costumeiros papéis.
– Garante o conteúdo do discurso e o tempo da fala.
– Permite que a plateia tenha uma boa visão do palestrante.
– Permite liberdade de movimentos ao palestrante enquanto fala.
– Ideal para executivos que não têm tempo para "decorar" textos.
– O controle é feito por computador, onde o discurso é gravado em *pen drive* e exibido em cristais ao lado da tribuna.
– É o método mais moderno para se falar em público, sem embaraços.
Consulte-nos: www.stutz.com.br.

---

[2] Agradecemos a colaboração da Stutz Prompters pela consultoria técnica e por permitir a reprodução do material publicitário.

Algumas sugestões para usar bem o *teleprompter*

Faça um bom treinamento antes de usar esse recurso na frente do público.

- Pratique, sozinho ou com a ajuda de algum orientador, pelo menos dez leituras de textos diferentes de no mínimo cinco minutos cada uma.

- Durante o treinamento, desenvolva principalmente o sincronismo entre a leitura das informações projetadas na tela e a comunicação visual com a plateia. Se fizer seus exercícios em um auditório, imagine que os ouvintes estejam sentados nas cadeiras vazias e fale olhando para eles, como se os estivesse vendo. Assim, você não fixará demais os olhos na placa de cristal.

- Não tenha pressa em chegar ao final do texto; as palavras não desaparecerão da placa enquanto você não terminar de ler. Alguns programas são concebidos com várias velocidades e, além disso, você ainda poderá contar com a assistência de um operador (o que é sempre recomendável), que regulará a velocidade do texto de acordo com o ritmo da sua leitura.

Velocidades programadas para movimentar o texto automaticamente ou com o auxílio de controle remoto podem ser usadas, mas talvez o deixem inseguro.

Se você apressar a leitura, o operador o acompanhará, acelerando a velocidade da projeção. Como consequência, você aumentará ainda mais a velocidade da leitura para acompanhá-lo. Esse círculo vicioso poderá prejudicar a apresentação. Portanto, calma e tranquilidade, e lembre-se sempre de que a velocidade do operador seguirá a sua velocidade de leitura.

- Fale de forma cadenciada e em um ritmo adequado, atendendo às pausas e enfatizando as informações mais importantes.

- Exercite a movimentação da cabeça olhando de um lado para outro da plateia, para desfazer a rigidez da postura e demonstrar mais naturalidade com o giro do tronco, mesmo que em sua leitura você esteja usando apenas uma placa de cristal.

Cuidado para não virar a cabeça enquanto estiver lendo o texto. Nesse caso, ela se moveria para um lado da plateia, enquanto os olhos continuariam voltados para o outro, acompanhando o texto. A fim de evitar essa falha, gire a cabeça de um lado para o outro somente no final das frases. Não há necessidade de girá-la sempre a cada frase.

- Deixe o semblante arejado e descontraído, com o objetivo de evitar que os ouvintes percebam a concentração no texto e o processo de leitura. Faça o possível para não mexer os olhos durante a leitura. Treine de modo a manter os olhos fixos no meio da linha e em condições de ler a frase toda sem se movimentar.

- É conveniente que você leve o texto impresso em papel e fale com as folhas nas mãos ou apoiadas sobre a tribuna, para dar a impressão de que, de vez em quando, você consulta o texto como um roteiro. Além disso, como nunca se sabe o que pode ocorrer com aparelhos eletrônicos, na eventualidade de algum defeito você estará seguro com o texto nas mãos, podendo continuar a leitura naturalmente.

- Providencie para que coloquem uma marca no texto que será projetado na placa de cristal, como um traço ou uma frase em negrito, sinalizando o momento de você virar a página que tem em mãos. Se precisar mesmo ler o texto no papel, ele estará na página correta, e a continuidade de sua apresentação ocorrerá sem problemas. Quando a apresentação é feita com apoio de recursos visuais projetados, é recomendável deixar bem visível um monitor pequeno, de cinco a sete polegadas, que possa receber o mesmo sinal enviado para a tela. Esse dispositivo permitirá que você acompanhe o que está sendo projetado sem se desviar da leitura.

- Já que você irá providenciar as marcações, cuide também para que sinalizem o momento em que deverá fazer uso dos recursos audiovisuais.

- Se você fizer um improviso com informações que estejam fora do discurso projetado, ao voltar à leitura, recomece por uma palavra ou frase que possa ser facilmente percebida pelo operador, para que ele saiba que é o momento de movimentar o texto.

- Se você tiver bastante domínio do tema, poderá fazer a apresentação projetando no *teleprompter* apenas as frases que deem a você a sequência da exposição. Com esse recurso você lê a frase e depois fica livre para fazer os comentários complementares que desejar.

IMPROVISO PLANEJADO COM AUXÍLIO DE ROTEIRO ESCRITO

Embora a prática e o treinamento possam tornar a leitura do discurso uma forma de comunicação eficiente, conforme você já observou, o seu uso deverá ser reservado apenas para determinadas circunstâncias.

Uma boa alternativa para sair da leitura do discurso e continuar tendo confiança de que as informações importantes não serão suprimidas por esquecimento é o uso do roteiro escrito.

Depois de ter preparado e estar dominando o conteúdo e a sequência do discurso, você poderá escrever algumas informações que orientem o desenvolvimento da apresentação.

> O roteiro escrito é uma espécie de resumo do discurso.

Após produzir o discurso completo, transcreva no papel os dados mais importantes que compõem o conteúdo: as transições que relacionam as ideias e se constituem em passagens de uma parte para outra, as datas, as cifras, os dados percentuais, além da introdução e da conclusão que pretende utilizar.

Com o roteiro escrito, você se preocupará apenas com a leitura de pequenos trechos da sua fala, como citações, definições, artigos de códigos, conclusões de estudos técnicos ou científicos, nomes de pessoas ou entidades, enfim, os dados que precisam ser decorados e que, por qualquer motivo, principalmente o nervosismo, possam ser esquecidos. O roteiro escrito é, portanto, uma espécie de resumo do discurso. Com ele, você lê os trechos que selecionou para orientar sua apresentação e explica, comenta, interpreta, critica, amplia as informações lidas em contato direto com o público, falando de improviso.

Se a informação do roteiro estiver no papel apenas para a sua própria orientação, a leitura deverá ser em silêncio. Por exemplo: *Falar sobre a queda da taxa de juros nos dois primeiros meses do ano*. Se for uma frase contendo um trecho do conteúdo da mensagem, a leitura, de maneira geral, deverá ser em voz alta.

A maneira como você segura o roteiro escrito indica à plateia que o discurso não será lido. Quando a mensagem é lida, conforme vimos, o papel é posicionado na parte superior do peito. Quando é desenvolvida com base no roteiro escrito, em geral o deixamos próximo da linha da cintura. Com essa postura para segurar o papel, você transmite ao público mais ou menos a seguinte informação: "Estou com este papel nas mãos, mas não vou ler o discurso; ele servirá apenas como um roteiro para me orientar, pois as ideias serão criadas e desenvolvidas aqui, na presença de vocês".

Se houver uma tribuna, você poderá pôr o papel normalmente sobre ela, a fim de que as mãos fiquem livres para gesticular, ou, se preferir, deixá-las naturalmente apoiadas.

O roteiro escrito serve principalmente para dar segurança e funcionar como um apoio que permite a você recorrer a ele sempre que for necessário. Muitas vezes você poderá expor o assunto e nem chegar a olhar para o papel, pois durante a sua preparação foi possível memorizar toda a sequência da fala e assimilar por completo o conteúdo da mensagem.

O roteiro escrito geralmente é colocado próximo à linha da cintura.

A seguir, observe os cuidados que deve haver no uso do roteiro escrito e um exemplo de como ele poderia ser elaborado.

Cuidados no uso do roteiro escrito

- Não escreva demais. Lembre-se de que o roteiro escrito servirá apenas como um apoio na apresentação, e o excesso de informações, em vez de ajudar, acaba atrapalhando.
- Escreva frases curtas, que permitam rápida leitura.
- Não use o roteiro como forma de fugir do contato com o público. Consulte-o apenas quando precisar das informações.
- Não fique dobrando ou enrolando o papel durante a apresentação, para que os ouvintes não se distraiam e desviem o interesse.
- Não disfarce a leitura tentando esconder do público que está lendo. As pessoas irão perceber este artifício e duvidarão da sua espontaneidade.
- Se usar mais de uma folha, numere as páginas, para não se confundir no manuseio do roteiro e evitar problemas mais sérios no caso de as folhas caírem e se espalharem pelo chão.

O uso do roteiro escrito apresenta a vantagem de você falar praticamente o tempo todo com o auditório, o que aumenta a naturalidade, torna sua expressão corporal mais livre e o seu contato com o público mais envolvente.

Se, numa reunião ou solenidade, você for informado ou pressentir que receberá um convite para falar, poderá valer-se de um roteiro escrito para fazer sua apresentação. À medida que os oradores forem se apresentando e os fatos forem ocorrendo, tome notas em uma folha de papel, transcrevendo as frases mais marcantes ou os detalhes que merecem registro. Como a sua apresentação provavelmente se desenvolverá com base nas circunstâncias que cercam o evento, será simples e oportuno você lançar mão das anotações.

Alguns oradores utilizam como roteiro o próprio discurso que escreveram. Destacam os dados mais importantes com caneta e chamam a atenção para o momento de utilizar recursos audiovisuais nas margens da folha. Caso você se decida pelo uso desse recurso, cuidado para não acabar lendo o discurso todo e, também, para não se envolver demais com o texto, esquecendo-se do auditório.

Exemplo de roteiro escrito

Veja como o roteiro escrito poderia ser elaborado para uma apresentação sobre o tema "Expressão Verbal".

Como este livro tem por objetivo orientar você apenas sobre as técnicas de transmissão da mensagem, sem a preocupação com os aspectos estéticos do orador, como a voz, o vocabulário e a expressão corporal, vou aproveitar o exemplo do roteiro escrito para comentar um pouco sobre essas questões, que são muito importantes para o sucesso da comunicação.

Observe que a introdução e o encerramento foram escritos integralmente para dar mais segurança a você no momento de iniciar e concluir. Note também que todos os momentos de projeção de telas e de citações foram destacados. Ao acompanhar esta sequência, você verá que ela se presta apenas como roteiro – jamais serviria como um discurso para ser lido.

EXEMPLO DE ROTEIRO

1 – INTRODUÇÃO

Vamos analisar como a expressão verbal poderá nos oferecer novas perspectivas profissionais, melhorar nosso relacionamento social e contribuir para a nossa promoção pessoal.

2 – PREPARAÇÃO

Os pilares básicos da expressão verbal são:

A — A naturalidade

B — A emoção

C — A ordenação da fala

D — A estética da comunicação com:

   – a voz;

   – o vocabulário;

   – a expressão corporal.

3 – ASSUNTO CENTRAL

A – A NATURALIDADE

Dar ênfase — Não adianta apenas falar com naturalidade, é preciso transmitir a mensagem com naturalidade e emoção.

Pausa prolongada

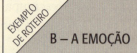

B – A EMOÇÃO

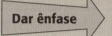

Se o orador não demonstra interesse e envolvimento pela sua mensagem, não poderá pretender o interesse e o envolvimento dos ouvintes. Por isso precisa apresentar-se falando com emoção.

– Palavras que ajudam a explicar

Emoção: interesse, entusiasmo, vibração, envolvimento.

C – A ORDENAÇÃO DA FALA

C.1 — **Introdução**

Tem a finalidade de conquistar a plateia.

Definição de Cícero — É a oração que serve para motivar o ânimo do ouvinte para receber bem o restante da fala.

– Algumas formas para iniciar:

- uma frase que provoque impacto;
- um fato bem-humorado;
- uma pequena história;
- elogio ao auditório;
- reconhecimento de qualidades no concorrente;
- levantamento de uma reflexão;
- aproveitamento de circunstâncias de tempo, de lugar e de pessoa;
- uma citação;
- referência à ocasião;

EXEMPLO DE ROTEIRO

– promessa de brevidade;

– demonstração da importância do assunto.

> **Projeção da tela
> nº 1**

– Algumas formas desaconselháveis para iniciar:

– pedir desculpas;

– tomar partido em assunto polêmico;

– fazer perguntas quando não desejar a resposta;

– contar piadas.

> **Projeção da tela
> nº 2**

C.2 — Proposição

Resumir numa única frase o conteúdo da mensagem.

Alertar ➤ Não fazer a proposição quando o assunto ferir os interesses do auditório.

> **Falar sobre as medidas tributárias
> adotadas na última semana.**

EXEMPLO DE ROTEIRO

C.3 — **Narração**

– fazer um histórico;

– levantar um problema;

– dar a solução a um problema.

C.4 — **Divisão**

Dividir o assunto em 3 ou 4 partes.

> **Citar o Padre Vieira**

> **Projeção da tela nº 3**

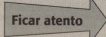 **Importante** → Comentar que a ordem das partes poderá ser alterada de acordo com as circunstâncias.

> **Citar o exemplo do aumento de salário.**

Ficar atento → Se o público estiver cansado, para relaxar, fazer o comentário sobre as últimas negociações comerciais entre Estados Unidos e Europa.

C.5 — **Assunto Central**

Na confirmação, serão desenvolvidos todos os itens preparados na proposição, na narração e na divisão.

– Citar de modo superficial os métodos de ordenação no tempo e no espaço.

EXEMPLO DE ROTEIRO

Ilustrações

Servem para tornar claro o que foi transmitido.

> **Citar o exemplo do Medeiros e Albuquerque.**
> (Está no livro *Como falar corretamente e sem inibições*, p. 150.)

Argumentos

– Estatísticas, testemunhos, exemplos, comparações, definições.
– Falar do testemunho divino na oratória sacra.

Refutação

A refutação serve para proteger os argumentos das possíveis objeções do auditório.

 Há o risco de se refutarem objeções que não foram levantadas.

C.6 — Conclusão

Recapitulação — Falar em uma única frase qual o conteúdo exposto.

Epílogo — Fala dirigida mais ao sentimento.

Citar, como formas práticas para concluir, as mesmas da introdução.

D – A ESTÉTICA DA COMUNICAÇÃO

A voz, o vocabulário e a expressão corporal levam a mensagem até os ouvintes.

EXEMPLO DE ROTEIRO

A Voz — Explicar sobre volume, velocidade, ritmo e dicção.

O Vocabulário — Explicar sobre os riscos do palavrão, das gírias e dos termos técnicos.

> **Citar o exemplo dos alunos da USP.**

A Expressão Corporal — Dar explicações sobre posturas inadequadas e falta ou excesso de gesticulação.

> **Citar o exemplo do ex-ministro da Fazenda.**

> **Fazer a comparação entre os dois últimos presidentes do Brasil.**

> **Projeção da tela nº 4**

4 – CONCLUSÃO

O aprendizado da comunicação não se encerra com uma palestra de duas horas. Deverá ser o estudo de uma vida inteira. A cada dia estaremos aprendendo novos conceitos, que serão incorporados ao nosso estilo.

Espero que esta palestra seja útil em suas atividades profissionais e em seus afazeres pessoais. E que a força da comunicação possa estar sempre ao lado das nossas conquistas.

IMPROVISO PLANEJADO COM AUXÍLIO DE CARTÃO DE NOTAS

Os cartões de notas constituem um dos melhores recursos com que você poderá contar para auxiliá-lo no desenvolvimento de sua apresentação. Use-os sem constrangimento, especialmente em apresentações menos complexas: eles podem projetar uma imagem segura e profissional. É evidente que, no caso de uma saudação rápida, como um brinde a um amigo em um jantar ou em outras situações semelhantes, não seria conveniente você aparecer com um cartão de notas. Se refletirmos um pouco, não será difícil descobrir em que circunstâncias o seu uso deve ser evitado.

Você poderá se valer dos cartões de notas para ajudá-lo a se comunicar melhor diante dos ouvintes depois que estabelecer os objetivos que pretende atingir, conhecer as características e o interesse do público que irá ouvi-lo, selecionar e ordenar de forma correta as informações para sua apresentação e treinar até ter domínio completo do conteúdo do seu discurso. Deverá escolher palavras ou pequenas frases, elementos de transição, número das páginas de livros a serem consultados, cifras, datas e outras informações que julgar importantes para ajudá-lo na ordenação e no desenvolvimento da mensagem.

Embora o cartão de notas e o roteiro escrito atendam aos mesmos objetivos, possuem características totalmente distintas. O roteiro escrito contém informações completas que você poderá ler e comentar. Já o cartão de notas apresenta apenas indicações dos itens que você deverá desenvolver e, só em alguns casos, traz citações ou frases completas, como o início e o encerramento da fala.

O cartão de notas não deve ser usado para que você construa um discurso a partir das informações nele contidas. O discurso já estará construído na sua mente. Nele haverá apenas as palavras-chave que não poderão ser esquecidas, por serem importantes tanto para relacionar as ideias como para melhor ordenar a mensagem.

> O cartão de notas atua como um porto seguro: seus lembretes ajudam a reforçar a sua confiança e orienta na sequência das ideias que você deverá seguir.

Como você sabe que não se perderá, porque as ideias foram anotadas no cartão, ficará livre para aproveitar os acontecimentos que surgirem no momento em que estiver diante do público. Assim, será possível usar os comentários dos ouvintes, ou qualquer outra observação, para que você interaja com eles e se aproxime ainda mais da plateia.

Quanto aos cartões de notas, observe os seguintes aspectos:

como devem ser;
como usá-los;
principais vantagens de seu uso.

Como devem ser os cartões de notas

Os cartões podem ser encontrados em qualquer papelaria, em diversos tamanhos. Escolha aquele que for mais conveniente para as suas notas. Se você for se apresentar falando atrás de uma tribuna ou próximo a uma mesa, o cartão poderá ser maior, porque existe a possibilidade de acomodá-lo longe das vistas do público. Se não existir a tribuna ou a mesa, é conveniente que você utilize cartões menores, que são fáceis de segurar sem distrair os ouvintes.

O cartão poderá ser maior se o orador tiver onde apoiá-lo.

Além da facilidade de manuseio, o cartão apresenta outra vantagem sobre o papel: se você ficar nervoso e com as mãos trêmulas, ele provavelmente não acusará o seu desconforto, por ser de material mais grosso.

É comum alguns oradores fazerem anotações no momento da reunião ou solenidade enquanto aguardam sua vez de falar. Embora em geral elas sejam feitas em uma folha de papel, o processo e o objetivo são os mesmos do cartão de notas. Só que, nesse caso, o discurso ainda não estará estruturado, e você poderá se utilizar das anotações para se lembrar dos fatos ocorridos no ambiente e para desenvolvê-los em associação com outras informações que possui na memória.

■ **Como usar os cartões de notas**

Observe algumas sugestões para o uso do cartão de notas:

■ Coloque apenas as palavras-chave ou as frases que não podem ser esquecidas e que sejam importantes na ligação das ideias e na sequência do discurso.

■ Só coloque frases que necessitem ser transmitidas sem nenhuma mudança, exceto o início e o encerramento da fala, que podem ser incluídos de forma integral, por serem muito importantes numa apresentação, tanto para a mensagem como para a sua segurança.

■ Numere todos os cartões para facilitar o seu manuseio e, assim, não se confundir na frente do público.

■ Leia as notas de maneira discreta, sem precipitação, e nunca tente disfarçar a leitura dos cartões, pois, se for percebido, esse artifício poderá comprometer sua espontaneidade perante os ouvintes.

■ Não se escravize aos cartões, olhando-os por muito tempo. Olhe apenas o suficiente para encontrar a informação e continue a conversar com o público.

■ Evite prendê-los com grampos ou clipes. Soltos, são mais fáceis de manusear.

Veja agora um exemplo de como o cartão de notas pode ser produzido sobre o mesmo tema usado para o estudo do roteiro escrito "Expressão Verbal". Desse modo será possível comparar melhor os dois recursos.

Observe como as informações são resumidas e servem apenas como lembrete à sequência das ideias.

Para o desenvolvimento deste tema são necessários dois cartões:

68

1

Introdução — Importância da Expressão Verbal

Preparação — Naturalidade, emoção, ordenação da fala, estética

Assunto Central
Naturalidade × Emoção
Introdução — Conquista
Projeções 1 e 2
Proposição — Quando suprimir
Narração — Histórico — Problema

2

Divisão — Projeção 3
Assunto Central — Confirmação — Refutação
Conclusão — Recapitulação — Epílogo
Estética — Voz — Vocabulário
Expressão Corporal
Projeção 4

Conclusão — Continuação do aprendizado da Expressão Verbal
Votos de que seja útil...

Principais vantagens do uso do cartão de notas

- Ajuda a lembrar as etapas mais importantes da apresentação.

- Proporciona confiança e liberdade para que você possa aproveitar as circunstâncias nascidas no momento da apresentação.

69

- É discreto, não distrai a atenção dos ouvintes.
- Não acusa possível nervosismo que você possa ter, por ser mais grosso que a folha de papel.
- Confere a você imagem de segurança e profissionalismo.
- Permite a você se apresentar com naturalidade, conversando espontaneamente com o público.
- Libera a comunicação visual praticamente o tempo todo, já que você não precisará ler.
- Possibilita uma apresentação vibrante e envolvente, a partir da liberdade que você tem para se comunicar.
- Propicia uma expressão corporal mais livre e comunicativa, que contribui para a condução da mensagem, facilita seu entendimento e prende o interesse do público.
- Se você tiver de repetir o discurso em outra oportunidade, poderá se valer da mesma sequência de ideias. Como o vocabulário é desenvolvido no momento da exposição, poderá até parecer uma nova mensagem.

IMPROVISO PLANEJADO COM AUXÍLIO DE UM ESQUEMA MENTAL

O improviso planejado com auxílio de um esquema mental é a forma de apresentação preferida pelos oradores mais experimentados.

O público fica fascinado pelo orador que chega à sua frente sem nenhum tipo de apoio escrito e desenvolve o tema falando com lógica, coerência e desenvoltura. Os ouvintes têm a impressão de que os planos, a análise e as conclusões do assunto abordado estão sendo criados e improvisados ali, naquele momento.

A proposta do improviso planejado com auxílio de um esquema mental é basicamente a mesma do cartão de notas, com a diferença de que as informações importantes, em vez de serem escritas em um cartão, são memorizadas.

O risco de você esquecer a sequência da apresentação é praticamente nulo, pois o número de informações que deverá decorar é reduzido. É óbvio que não existe uma quantidade exata de dados que poderia ser sugerida para a memorização, pois dependerá de cada assunto, de cada pessoa e de cada circunstância específica, mas um discurso de até vinte minutos talvez não tenha muito mais do que meia dúzia de itens para serem decorados. Como são dispostos em uma ordem lógica de apresentação e sobre um tema que muito provavelmente você domina, poderão ser guardados na memória com facilidade.

Critérios de preparação para o improviso planejado com auxílio de um esquema mental

Pelo fato de depender apenas da sua memória, sem nenhum tipo de recurso escrito, é conveniente que você siga alguns critérios de preparação para ganhar confiança e ter certeza de que tudo sairá de acordo com o que foi planejado. São eles:

decore a introdução e a conclusão da fala;
conte qual é o assunto;
faça um histórico ou levante um problema;
faça uma divisão do assunto;
desenvolva o assunto central;
faça a refutação;
faça a conclusão.

Decore a introdução e a conclusão da fala

A introdução e a conclusão, como sabemos, são duas das partes mais importantes do discurso.

Prepare e decore o início, para ter certeza de que fará uma abertura correta e apropriada à ocasião. Se, diante do público, sua sensibilidade detectar que outra introdução, a partir das circunstâncias do ambiente, seria mais vantajosa à conquista dos ouvintes, não hesite em fazer a troca.

Lembre-se, porém, de que nunca se pode deixar de ter a introdução preparada, na esperança de que surja uma ideia inspiradora indicando a melhor forma para fazer o início.

Não deixe o início por conta apenas da inspiração.

A mesma sugestão pode servir no encerramento. Prepare a conclusão que julgar mais oportuna para o tipo de assunto e objetivos que pretende atingir e de acordo com as características da plateia. Se, durante a sua apresentação, o assunto acabar tomando um rumo diferente do que planejara, ou se você sentir mudanças no comportamento e nas reações dos ouvintes, percebendo que seria melhor concluir a fala de maneira diversa da que foi idealizada, não tenha dúvidas em proceder à modificação e apresentar outro final.

Também nesse caso não deixe de preparar a conclusão, na expectativa de que ela surja naturalmente no instante do encerramento, pois, se não aparecer, a dúvida e a insegurança poderão obrigá-lo a concluir com um lamentável "Era isso que eu tinha para dizer. Muito obrigado".

Conte qual é o assunto

Depois de iniciar, conte rapidamente qual assunto irá desenvolver e quais os objetivos da apresentação. Em alguns casos, quando os ouvintes já estiverem motivados para receber a mensagem, essa parte da fala poderá servir como introdução.

Lembre-se de que você só poderá contar qual é o assunto e quais são os objetivos se a sua mensagem não ferir o interesse do público. Ao se preparar, decore apenas esta informação: *qual o assunto e os objetivos da sua apresentação*.

Por exemplo, se o assunto fosse matemática financeira, a informação memorizada poderia ser: *O assunto que iremos desenvolver é matemática financeira e discutiremos quais as suas aplicações nas atividades dos executivos financeiros*.

Faça um histórico ou levante um problema

Depois de ter introduzido a fala e contado qual o assunto e os objetivos da apresentação, faça um retrospecto ou levante um problema. Essa parte dependerá do tipo de assunto central que será desenvolvido: se for a solução de um problema, o mais indicado neste momento será revelar o problema; se for a explicação de como é o assunto hoje, o mais indicado será um levantamento histórico.

Depois de optar pelo tipo de preparação mais adequado, memorize essa parte.

Na sua preparação, decore apenas uma destas informações:

- um histórico

ou

- um problema

Por exemplo, sendo o assunto o mesmo, matemática financeira, se a escolha fosse o histórico, a informação decorada poderia ser:

> Contar como evoluiu o trabalho do executivo financeiro, desde os cálculos demorados, aplicando fórmulas com calculadoras simples, depois com o uso de tabelas prontas, até chegar às calculadoras financeiras.

Se a escolha fosse o levantamento do problema, poderia ser:

Contar como as elevadas taxas de inflação, a exigência dos bancos por reciprocidades e as elevadas taxas de juros obrigaram os executivos financeiros a dominar as técnicas da matemática financeira.

Faça uma divisão do assunto

Para concluir a fase de preparação, se for necessário, para ordenar melhor o seu raciocínio ou favorecer o entendimento do público, faça uma divisão do assunto, indicando as etapas a serem cumpridas.

Ao se preparar, decore apenas esta informação: *quais as partes que serão cumpridas*. Por exemplo, no caso da matemática financeira, a informação memorizada poderia ser:

Falaremos do uso da matemática financeira nos bancos, nas empresas não financeiras e na orientação dos aplicadores pessoas físicas independentes.

Desenvolva o assunto central

Todas as propostas e promessas apresentadas na preparação devem ser desenvolvidas no assunto central, de acordo com os métodos de confirmação, assunto desenvolvido no livro *Assim é que se fala – como organizar a fala e transmitir ideias*.

MÉTODOS DE CONFIRMAÇÃO

- ordenação no tempo;
- ordenação no espaço;
- ordenação de natureza intrínseca;
- ordenação de causa e efeito;
- ordenação de prós e contras;
- ordenação pela experiência;
- ordenação pela solução de problemas;
- ordenação crescente.

Ao se preparar, decore apenas esta informação: *Aplicar o que foi preparado com auxílio dos métodos de confirmação*.

Embora você deva optar pelo método de confirmação que atenda mais à necessidade do assunto, ao interesse do público e ao seu próprio conhecimento, minha experiência preparando executivos ao longo das últimas décadas demonstrou que a ordenação no tempo, a ordenação no espaço e a ordenação de natureza intrínseca são as mais simples e eficientes para serem aplicadas e qualquer assunto poderá ser ordenado segundo esses critérios.

Em nosso exemplo, a informação memorizada, se a ordenação fosse no espaço, poderia ser:

> Falar do uso da matemática financeira nas relações de negócios entre empresas e bancos nos Estados Unidos, na Europa e no Brasil.

Se já quiséssemos fazer uma ordenação intrínseca, poderíamos complementar:

> ...analisando taxa de juros, tipos de empréstimos, prazos e exigência de reciprocidade.

Se a ordenação fosse no tempo, poderia ser:

> Falar da matemática financeira antes da década de 70, quando as taxas de juros eram tabeladas em 1,3% e 1,4% ao mês; depois da década de 70, com a liberação das taxas de juros e a tomada de recursos no mercado externo; e hoje, de acordo com a conjuntura atual.

Faça a refutação

Depois de proceder à análise de possíveis reações e comportamentos do público, estude as objeções que poderiam ser apresentadas e prepare a refutação. Ao se preparar, decore apenas esta informação: *fazer refutação*.

Dificilmente alguém levantaria algum tipo de objeção em um assunto como matemática financeira, que tem servido de modelo para o nosso estudo. Apenas por hipótese, vamos supor que o auditório pudesse achar que o custo de um curso mais o preço de uma calculadora financeira seria muito elevado para que alguém pudesse desenvolver esse aprendizado. A refutação deveria afastar essa resistência, mostrando, por exemplo, os benefícios financeiros desse investimento.

A informação decorada poderia ser:

Falar que uma operação vultosa, mesmo que apresentasse apenas alguns décimos percentuais de vantagem ou de prejuízo evitado com a ajuda de cálculos financeiros corretos, já poderia justificar todo o investimento.

Faça a conclusão

Este item já foi visto e comentado na primeira parte deste estudo. Apenas o incluí novamente no intuito de que não fosse esquecido na ordem natural da preparação e para ratificar sua importância.

Treinando o esquema mental: durante a sua preparação, a cada ensaio que fizer de todo o discurso, recapitule em seguida as partes que precisam ser decoradas. Assim você se acostumará a inserir o esquema mental no discurso completo.

Prepare algumas folhas, colocando apenas as indicações das partes que deverão ser cumpridas e com um pequeno espaço entre elas, para não ficar tentado a escrever muito. Inclua somente o texto resumido a ser decorado.

Um bom método de treinamento para o esquema mental é exercitar antes o problema e a solução, ou o histórico e o presente. Depois desse ensaio, treine as outras etapas desde o início até a conclusão.

EXEMPLO DE PLANO PARA MONTAR UM ESQUEMA

VOCATIVO

INTRODUÇÃO

PROPOSIÇÃO

NARRAÇÃO (Fazer um histórico ou levantar um problema.)

DIVISÃO

CONFIRMAÇÃO (Falar do presente ou dar solução ao problema.)

REFUTAÇÃO

CONCLUSÃO

Observe que os espaços entre os itens são pequenos, a fim de que você escreva pouco e não tenha problemas para guardar as informações na memória.

IMPROVISO INESPERADO

O meu amigo António Carlos de Souza Ramos contou que, certa vez, participava de uma reunião com várias personalidades em um município no sul de Minas Gerais. Estava tranquilo, bebendo um aperitivo, planejando sua vida e mais ou menos desligado do que ocorria ao seu redor. De repente, sem que tivesse sido avisado, o responsável pela solenidade foi ao microfone e disse: "É com prazer que chamamos à nossa tribuna o Dr. António Carlos de Souza Ramos". Ele, absorto em suas meditações, pensou: "Engraçado, essa pessoa que foi chamada tem o mesmo nome que eu". Só aí é que se deu conta de que se tratava dele mesmo e saltou da sua cadeira, dirigindo-se à tribuna sem entender bem o que estava acontecendo.

Esse é um típico exemplo de improviso inesperado.

Algumas pessoas imaginam, de modo errôneo, que falar de improviso inesperado é discorrer sempre sobre assuntos desconhecidos ou sobre os quais o orador tenha poucas informações.

Essa hipótese, embora possa ocorrer, é remota e talvez nem precisasse estar entre as nossas preocupações. Você, conforme já analisamos, em geral é convidado para falar sobre assuntos que se relacionam com suas atividades profissionais, seus *hobbies*, matérias do seu interesse pessoal, notícias do cotidiano que estão na imprensa ou fatos nascidos de circunstâncias nos ambientes onde esteja presente.

> O improviso inesperado não pressupõe, portanto, a falta de conhecimento, e, sim, a ausência de planejamento do discurso.

Como se comportar em uma apresentação de improviso inesperado

Para a maioria das pessoas, a possibilidade de falar de improviso inesperado, embora seja uma das conquistas mais almejadas, é, quase sempre, uma situação atemorizante. Mas é possível, com algum critério e um pouco de treinamento, transformar esses momentos em marcos vitoriosos e, com o tempo, sentir satisfação em falar de improviso inesperado.

No estudo do improviso inesperado, é importante observar:

a importância do hábito de planejar;

alguns tipos de introdução para serem planejados rapidamente;

a grande arma da fala improvisada: a técnica do assunto paralelo;

uma orientação prática para a preparação do assunto no improviso inesperado;

a ordenação do assunto principal;

a refutação;

a conclusão;

algumas recomendações importantes para uma boa apresentação de improviso inesperado.

Habitue-se a planejar

Crie o hábito de planejar uma rápida apresentação em todas as situações. Mesmo que as chances de você falar sejam remotas, essa é uma das melhores maneiras de se proteger contra o inesperado.

Sem necessidade de grandes preocupações, enquanto você se veste, ou no trânsito, no momento em que se encaminha para uma reunião, poderá refletir sobre a hipótese de ser chamado a falar e, mentalmente, organizar um plano simples com introdução, corpo da fala e conclusão.

Alguns tipos de introdução para serem planejados rapidamente

Pelo tipo de evento, você saberá quais pessoas provavelmente estarão presentes e quais assuntos serão tratados. Ao refletir sobre esses dois itens, já será possível montar um início de fala com o aproveitamento de uma circunstância de pessoa, ou seja, referindo-se a alguém presente, ou aludindo à ocasião.

Na hipótese de aproveitar uma circunstância de pessoa, você poderia se referir a algum feito importante de alguém presente que tenha liderança ou representatividade entre os ouvintes. Este é um recurso utilizado pelos oradores mais renomados: falam da sua admiração por uma pessoa presente, enaltecem suas qualidades e comentam seus feitos, conquistando, com esse comportamento, a simpatia do público, porque o elogio foi feito a um membro querido do grupo.

Se você optar por aludir à ocasião, os comentários devem girar em torno dos motivos da presença das pessoas naquele local.

O próprio fato de você ter pensado sobre a maneira de fazer um discurso — por exemplo, durante o trajeto até o local do evento — poderá servir como uma boa introdução. Veja:

> Enquanto estava vindo para esta reunião, fiquei refletindo sobre todos esses anos em que temos nos encontrado aqui, neste mesmo local, e praticamente com os mesmos amigos de sempre.

Se, durante o trajeto, você observou algum fato (um congestionamento, um acidente, um incêndio, um mendigo pedindo ajuda) ou ouviu uma notícia importante pelo rádio (uma revolta de presos na penitenciária, a queda de um ministro, uma denúncia de corrupção), estas informações poderão ser mencionadas, desde que possam fazer ligação com o tema. Por exemplo:

> Enquanto me dirigia para cá, ouvi pelo rádio uma notícia que me entristeceu profundamente...

Fatos ocorridos no trajeto podem servir como introdução.

Se no local da reunião ocorreu, no passado, algum fato que esteja associado às pessoas presentes, você poderá recordá-lo diante do público para fazer a introdução. Por exemplo:

> Há exatamente dois anos, esta casa vivia um dos seus momentos mais gloriosos. Naquele encontro memorável, recebemos a visita do Dr. Cláudio de Alencar, que deixou uma importante mensagem para nossa reflexão.

Além desses recursos, é sempre possível escolher uma das histórias que você conhece, dar a ela uma nova roupagem e adaptá-la às circunstâncias da reunião.

A grande arma da fala improvisada: a técnica do assunto paralelo

Depois de fazer a introdução e preparar os ouvintes para a mensagem, tem início o desenvolvimento do conteúdo da fala. Sabemos que, na estrutura central, temos uma parte em que fazemos a preparação e outra em que desenvolvemos o assunto central, tema abordado no livro *Assim é que se fala – como ordenar a fala e transmitir ideias*.

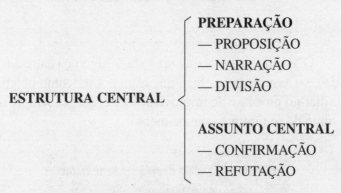

ESTRUTURA CENTRAL
- PREPARAÇÃO
  — PROPOSIÇÃO
  — NARRAÇÃO
  — DIVISÃO
- ASSUNTO CENTRAL
  — CONFIRMAÇÃO
  — REFUTAÇÃO

Vamos supor que você não esteja tão seguro para falar sobre um assunto, ou porque ainda não o ordenou de modo conveniente ou porque não possui muitas informações sobre ele.

Se você entrasse direto no assunto central, poderia cometer duas incorreções:

- apresentar mal o assunto, pela falta de ordenação ou de conhecimento;
- suprimir, sem motivos, a parte da preparação.

A solução para evitar esses riscos e abrir um caminho mais seguro para a improvisação é valer-se de um assunto paralelo.

O assunto paralelo pode ser qualquer informação que se associe direta ou indiretamente ao assunto principal.

Assim, antes de desenvolver o conteúdo central, você faz a preparação por um outro assunto (paralelo). Com a ajuda deste, enquanto faz a preparação do tema que deverá expor, ganha tempo para esquematizar melhor o desenvolvimento do conteúdo central.

Você já deve ter percebido que o assunto paralelo nada mais é do que a narração da preparação da fala.

> **Preparação**
>
> — proposição
>
> **— narração ⇔ assunto paralelo**
>
> — divisão

O grande segredo, que faz toda a diferença entre a narração e o assunto paralelo, é que este, por ter como objetivo auxiliar no processo de improvisação, deverá ser sempre um assunto de seu íntimo conhecimento.

> O assunto paralelo deverá ser sempre um assunto de seu íntimo conhecimento.

Dessa forma, poderiam ser utilizados como assunto paralelo:

a sua atividade profissional;

o *hobby* que pratica;

notícias que acompanha com atenção;

acontecimentos importantes que tenha presenciado;

fatos interessantes ocorridos na sua vida ou na de pessoas de seu relacionamento;

passagens de livros ou filmes que tenham sido marcantes;

informações de outro orador que tenha acabado de se apresentar;

passagens históricas que tenha estudado;

outras informações que puder desenvolver com segurança.

Agora observe como esse processo, envolvendo o uso da técnica do assunto paralelo, age de forma interessante sobre a percepção do público.

Os ouvintes recebem a mensagem como um todo

As pessoas não ficam analisando se você, como orador, está na fase de preparação ou de desenvolvimento da mensagem central. Veem a apresentação toda como uma mensagem única. Ora, quando você discorre sobre o assunto paralelo, que é de seu íntimo conhecimento, demonstra, naturalmente, muita segurança sobre as informações que transmite e, como os ouvintes recebem a informação toda, desde o princípio, como se fosse uma só, terão a impressão de que o seu conhecimento também é do todo, quando, na verdade, seu domínio é apenas do primeiro assunto e talvez tenha apenas alguma noção sobre o assunto principal.

O assunto paralelo cria expectativa e desperta maior interesse nos ouvintes

Por mais que se exija objetividade em uma apresentação, se você for diretamente ao assunto principal em todas as circunstâncias, provavelmente não estimulará a atenção dos ouvintes. Ao iniciar a exposição a partir de um assunto paralelo, mesmo que você domine o tema da sua apresentação, poderá tornar a mensagem muito mais atraente. Por isso, se tiver tempo à disposição e puder iniciar falando de um assunto que seja interessante ao ouvinte, fará uso de um recurso excelente para tornar a comunicação mais estimulante.

A fim de poder estudar melhor o assunto paralelo, observe os seguintes pontos:

a sua escolha correta;
um recurso alternativo interessante;
os cuidados na sua utilização;
um exemplo.

Como escolher bem o assunto paralelo

Entre as várias opções que você tem à disposição para selecionar o assunto paralelo, deverá observar alguns critérios para se decidir. Escolha um assunto:

- sobre o qual tenha maior domínio;
- que seja conhecido ou compreendido com facilidade pelo público;
- que desperte maior interesse no público;
- que seja mais relacionado ao tema central.

Esses quatro critérios precisam ser analisados dentro de um mesmo conjunto de circunstâncias. De nada adiantaria escolher como assunto paralelo "A importância do domínio árabe para a cultura espanhola", pela hipótese de produzir grande interesse no público e guardar relação direta com a mensagem central, se você não possuísse domínio sobre esse tema. Do mesmo modo, não adiantaria escolher como assunto paralelo "Um triste acidente em 1945, no qual a avó quebrou as duas pernas", pelo fato de você conhecê-lo com profundidade, se, provavelmente, não provocasse interesse nos ouvintes.

Se o assunto paralelo atender a todos os requisitos recomendados, mas necessitar de algumas "pontes" para unir várias ideias até chegar ao desenvolvimento do assunto principal, talvez convenha utilizá-lo mesmo assim, desde que a última informação dessa cadeia construída seja facilmente relacionada ao tema central.

Se for necessário, construa "pontes" para ligar as várias ideias até chegar ao assunto principal.

Um recurso alternativo interessante

Além de iniciar a apresentação por um assunto paralelo para depois chegar ao assunto principal, você também poderá, como recurso alternativo de excelente qualidade, desenvolver os dois, paralelo e principal, simultaneamente. Desde que a estratégia o auxilie na improvisação e você atinja os objetivos desejados, o recurso poderá ser utilizado.

Cuidados na utilização do assunto paralelo

- Procure não desenvolvê-lo por tempo muito prolongado, para não passar a impressão de que ele é mais importante que o assunto principal.
- Desenvolva-o com naturalidade, sempre relacionando-o com o assunto principal, de modo que os ouvintes não fiquem com a impressão de que o objetivo é ludibriá-los apenas para ganhar tempo.
- Mesmo podendo se valer de mais de um assunto paralelo, procure restringir o seu uso ao menor número possível, visando não dificultar a compreensão do auditório.

O assunto paralelo é um recurso valioso da improvisação, mas só deverá ser utilizado se você julgar necessário. Não são todas as ocasiões em que ele deverá ser desenvolvido.

Veja agora alguns exemplos de assuntos principais e assuntos paralelos:

ASSUNTO PRINCIPAL	ASSUNTO PARALELO
TURISMO	Viagens, férias, estradas, meios de transporte, economia
EDUCAÇÃO	Formação familiar, situação salarial dos professores, analfabetismo, formação complementar nas empresas
TRÂNSITO	Atuação da prefeitura, educação dos motoristas, condição de conservação das ruas e avenidas
SAÚDE	Distribuição de renda, alimentação, políticas do governo, condições dos hospitais

Observe que os assuntos paralelos escolhidos para esses exemplos estão ligados, de maneira próxima, aos assuntos principais, mas nada impede o aproveitamento de outros aparentemente mais distantes, desde que possa existir a ligação e que sirvam para preparar de modo adequado o público e a mensagem central.

Por exemplo, alguém poderia se referir à "hora do jantar" como assunto paralelo de "turismo" se lembrasse que é nesse momento que a família geralmente se reúne, troca ideias, toma decisões e também costuma escolher a melhor época e o melhor local para as suas férias. A partir desse ponto, seria simples fazer o relacionamento com a mensagem central, que é o turismo.

Relacione pelo menos três assuntos paralelos para cada um dos seguintes assuntos principais. Lembre-se de relacionar apenas assuntos paralelos que sejam de seu íntimo conhecimento:

Eleições –

Aborto –

Feminismo –

Transporte –

Pena de Morte –

Esportes –

Traje –

Ainda dentro da preparação do assunto, além da narração, temos a proposição e a divisão. Conforme acabamos de ver, o assunto paralelo é a narração, restando, portanto, a proposição e a divisão.

Em um improviso inesperado, não será difícil, logo depois da introdução, contar qual é o assunto que você irá desenvolver, facilitando a compreensão dos ouvintes e cumprindo, assim, a proposição. Entretanto, não é tão simples fazer a divisão, porque nem sempre você terá nítidas na mente as etapas que pretende cumprir. Nesse momento, em geral, você estará tentando delinear o caminho que pretende percorrer. Assim, não se preocupe muito em fazer a divisão indicando para o público quais as partes que pretende apresentar. Se souber quais são, será muito melhor, pois esse dado norteará o discurso de maneira mais clara; mas, se não souber, deixe de lado essa informação e vá em frente.

Exemplo de assunto paralelo

Veja como Aliomar Baleeiro utilizou a história de um velho professor como assunto paralelo para chegar ao assunto principal "A escola e a cultura no Brasil":

> É uma observação de quem vive nas universidades, eu vivo dentro delas há muitos anos. O que se dá é o seguinte: o professor, quando envelhece, abranda. Quando chega aos 60 anos, sobretudo aos 70, já não é rigoroso. Tive um velho professor, modelo de mestre, didata dos mais perfeitos que já conheci em toda a minha vida. Aos 60 e muitos anos, ele continua a ser um mestre admirável. Ultimamente, ele repreendia os estudantes, mas aprovava a todos, diferentemente do que ocorria no nosso tempo. Num vestibular, ele perguntou a um menino as declinações e o garoto não sabia. Perguntou outra coisa. O menino não sabia. O professor coçou a cabeça e indagou: "Meu filho, que é a palavra 'ego'?"; "É o verbo 'egare'". Ele aprovou o estudante. Diante disso, os outros professores o procuraram e disseram: "Não é possível, Mestre. O senhor, que foi tão severo, aprova um estudante que não sabe o que é 'ego'!". Respondeu que já estava velho, que precisava, primeiro, de gente para segurar seu caixão. E era possível que os calouros que passaram por benevolência o fizessem. Em segundo lugar, pela observação que tinha, muitos alunos que obtiveram grau 10 com ele não corresponderam em nada na vida pública, enquanto alguns que haviam passado com dificuldade foram depois homens brilhantes e até professores de escola superior. E, a propósito dessa anedota, que é verdadeira, vi confirmada a tese em uma obra de Jacquard, publicada em fevereiro deste

ano. Por acaso, comprei o livro em Paris, quando saiu. O problema dos exames, de fato, está sendo levado com certa benevolência. Inclusive, há uma tendência de acabar com os chamados vestibulares.

O número *clausus*, matrícula fechada, é considerado antidemocrático e tem efeito nocivo sobre a educação geral do País. Protege as elites, mas veda o acesso à cultura, na maior parte das classes. Só as que têm certos meios econômicos, em regra, podem alcançar essa base inicial, que permite, num sistema como o do Brasil, ingressar nas escolas superiores. Esse problema não pode ser tratado assim, com certa simplicidade.

Há umas tantas ideias arraigadas no espírito brasileiro em matéria de educação que entravam terrivelmente o progresso da cultura em nosso País.[3]

Orientação prática para a preparação do assunto no improviso inesperado

PREPARAÇÃO NO IMPROVISO INESPERADO		
PROPOSIÇÃO	**NARRAÇÃO**	**DIVISÃO**
Dizer sobre o que vai falar	Assunto paralelo	Dizer as partes que irá cumprir
Fazer sempre	Fazer sempre	Dispensável
Só não fazer quando o assunto for de encontro ao interesse do público	Só não fazer quando o assunto for muito conhecido do orador ou requerer objetividade	Só fazer quando tiver certeza das partes a cumprir

---

[3] Aliomar Baleeiro em aparte a Carlos Lacerda. Carlos Lacerda, *Discursos parlamentares*. Rio de Janeiro: Nova Fronteira, 1982, p. 609.

Ordene o assunto principal

Depois da preparação da mensagem com o auxílio do assunto paralelo, é chegado o momento de apresentar o tema central. Se você recorrer à ordenação no tempo e no espaço também para apresentações de improviso inesperado, poderá, com apenas alguns segundos de reflexão, organizar o pensamento e discorrer bem sobre o tema que lhe foi proposto.

Imagine que o assunto fosse "traje" e que desejasse recorrer à ordenação no tempo e no espaço para desenvolvê-lo.

Para dividi-lo no espaço, poderia falar sobre:

- como se trajam as pessoas no Nordeste do País, de acordo com o clima e as tradições da região;
- como se trajam as pessoas que habitam a região Sudeste, com o clima mais ameno;
- como se trajam as pessoas que vivem na região Sul, com períodos mais prolongados de frio e tradições formadas por povos de origens distintas das que têm os habitantes do Norte e do Sudeste.

Trajes de diversas regiões do País, para dividir o tema no espaço.

Para dividi-lo no tempo, você poderia falar:

- como os homens e as mulheres se vestiam no início do século 20, com os costumes e os conceitos de moralidade da época;
- como se vestiam as pessoas no período pós-guerra, com adaptação a uma nova época que se iniciava;
- como se vestiam as pessoas após 1970, quando ocorreu uma verdadeira revolução de costumes em várias partes do mundo;
- como se vestem as pessoas hoje.

Trajes de diversas épocas, para dividir o assunto no tempo.

Outra boa forma de ordenar a fala durante o improviso inesperado é levantar as causas e, em seguida, apontar os efeitos.

Por exemplo, no assunto "traje", você poderia apresentar:

- **como causa:** a possibilidade de as empresas de altacostura aumentarem sua receita com a popularização de alguns produtos e o lançamento do estilo *prêt-à-porter*;

- **como efeito:** o acesso de outras camadas da população a modelos e marcas de roupas até então inatingíveis pela maioria. A partir dessa abertura, ocorre um amplo desenvolvimento das indústrias de confecção, para atender à nova demanda.

Faça a refutação

Também no improviso inesperado, se sentir algum tipo de objeção por parte do público e se tiver condições de apresentar defesa para suas ideias, faça a refutação.

Na fala de improviso inesperado, a não ser que a mensagem esteja diretamente ligada a assuntos do seu conhecimento, nem sempre haverá obrigação de refutar as objeções da plateia. Na hipótese de o tema ser do seu domínio, mesmo sendo a fala de improviso inesperado, poderá fazer refutações mais consistentes, porque o assunto, de alguma forma, já foi estudado por você, que não estaria refletindo pela primeira vez sobre a mensagem no momento da apresentação.

Faça a conclusão

Para concluir a fala de improviso inesperado, você poderá utilizar formas que se adaptem mais à circunstância da apresentação. Nesses momentos, entretanto, sem muito preparo, o mais indicado para a mensagem da conclusão poderia ser um rápido agradecimento pelo privilégio de falar e os votos de felicidade, progresso, conquistas e realizações para o público.

Recomendações importantes para uma boa apresentação de improviso inesperado

Além dos pontos recomendados até aqui, observe mais

algumas sugestões que poderão ser muito úteis no momento de falar:

> não peça desculpas;
> não tenha pressa para começar;
> fale mais baixo no início;
> seja breve;
> faça anotações;
> não recuse convites.

Não peça desculpas

Mesmo que esteja desesperado por dentro (às vezes até por fora), procure iniciar sua apresentação da forma mais tranquila que puder. Pedir desculpas ao público por não se sentir preparado para falar em nada melhorará a sua imagem; ao contrário, talvez até prejudique sua tentativa de conquistar os ouvintes.

Não tenha pressa para começar

O coração parece querer sair pela boca e as pernas talvez tenham dificuldade para sustentar o corpo. É assim que algumas pessoas sentem no começo da apresentação. Portanto, tenha consciência de que os sintomas são normais e que, depois do início, você poderá ficar mais tranquilo. Por isso, não tenha pressa para começar. Respire controladamente, para que o oxigênio se renove no organismo. Acerte o microfone de acordo com o seu volume de voz e, desde que os ouvintes não percebam o artifício, proceda desta forma mesmo que ele já esteja posicionado de modo correto.

Cumprimente as pessoas, respirando entre uma saudação e outra, e só depois comece seu discurso de maneira efetiva. Você já terá vencido os segundos mais difíceis diante da plateia.

Ganhe tempo, para começar mais tranquilo.

Fale mais baixo no início

Além de respirar e conseguir algum tempo extra para obter calma, diminua o volume da voz no início (desde que possa ser ouvido pelo público), para que os ouvintes não percebam que está ansioso ou intranquilo. Passe a aumentá-lo gradativamente, quando puder falar de maneira mais firme. Esses instantes são preciosos também para que você ordene melhor os pensamentos.

Seja breve

Se uma apresentação, normalmente, deve ser breve, o improviso inesperado precisa ser mais curto ainda. É muito melhor falar pouco, com desenvoltura e convicção, do que permanecer um tempo prolongado procurando informações novas, sem tanta certeza do caminho a seguir. É evidente que a ideia de brevidade estará sempre de acordo com a circunstância de cada apresentação, mas não perca este objetivo de vista ao falar de improviso inesperado: seja breve.

Faça anotações

Se souber que irá usar a palavra a tempo de fazer algumas anotações sobre mensagens deixadas por outros oradores, comentários ou características das pessoas presentes, use uma folha de papel ou caderneta que tiver e escreva o que for possível. Talvez você consiga até montar um plano, anotando as partes que poderia cumprir na apresentação.

Não recuse convites

Se alguém lhe fizer um convite para ir ao microfone deixar uma mensagem, aceite o desafio. Quem já passou pela experiência de ter recusado um convite deve se lembrar da frustração que sentiu pela oportunidade perdida.

Aceite o convite com a certeza de que a apresentação é sempre melhor do que imaginamos que seria. Na frente do público, você poderá encontrar forças e energias que nem imaginava possuir.

SUGESTÃO PARA UM ESQUEMA AUXILIAR DE IMPROVISO INESPERADO

- Faça a introdução principalmente aproveitando circunstâncias.
- Conte sobre o que vai falar.
- Desenvolva um assunto paralelo.
- Ordene o assunto central, dividindo o conteúdo no tempo, no espaço ou utilizando causas e efeitos.
- Faça a conclusão agradecendo a oportunidade de falar e desejando felicidade, conquistas e realizações aos ouvintes.

FALA MEMORIZADA

Quando pergunto aos meus alunos em sala de aula o que acham de apresentar um discurso totalmente memorizado, a resposta negativa é unânime. Além disso, é possível também observar um torcendo o nariz aqui, outro fazendo careta ali e até alguns escondendo o rosto com as mãos para demonstar sua repulsa a esse tipo de apresentação.

Entretanto, ao fazer a mesma pergunta em situações mais reservadas, como em conversas nos corredores ou no horário do cafezinho, alguns desses mesmos alunos confessam que já chegaram a decorar discursos.

Como explicar esse comportamento? Por que a resposta em público é uma e em situações isoladas, como nessas conversas particulares, é outra?

Em comunicação há técnicas que, para alguns, são consideradas "menores", como fazer um discurso decorado. Por esse motivo, para preservarem a imagem e não serem censurados, preferem guardar segredo diante dos colegas. Parece paradoxal, pois a arte teatral — aí incluídas as telenovelas —, uma das mais admiradas, depende fundamentalmente da "decoreba". E não são poucos os artistas que se vangloriam de seguirem ao pé da letra exatamente o que foi escrito pelo autor. Por mais projetados e respeitados que sejam, sabem que obedecer ao *script* é sinal de profissionalismo. Com a oratória, todavia, a interpretação é diversa. Toma-se por incompetente e sem criatividade o orador que se apresenta em público com o discurso decorado. Tanto que, se as pessoas notarem que a apresentação é decorada, geralmente avaliam mal o orador.

Os oradores iniciantes, em especial, costumam recorrer com frequência a essa forma de apresentação porque se sentem mais seguros sabendo todas as palavras que irão proferir na frente dos ouvintes.

Para confirmar o que estou dizendo, basta mencionar outro fato curioso que ocorre com os alunos do curso de Expressão Verbal. Eles se aplicam para aprender a falar com desenvoltura a partir de técnicas simples e exaustivamente testadas. No final do curso, conseguem falar de improviso, com eficiência, sobre os mais diversos assuntos. Alguns deles, entretanto, por mais bem preparados que estejam, como ainda são iniciantes, diante de situações que exigem mais deles são tentados a recorrer ao discurso decorado.

Quando percebo os sinais do artificialismo, que revelam a fala decorada, peço para explicarem com as "próprias palavras" o que acabaram de transmitir. O resultado é espantoso e muito gratificante, pois, ao repetirem a mensagem, fugindo da fala decorada, comportam-se com mais naturalidade, e a comunicação torna-se expressiva e envolvente. Nesse momento, suas palavras transmitem verdade e emoção.

Se o discurso for bem curto, essa segunda apresentação, mais natural, em alguns casos pode até ser decorada sem problemas, porque não é o discurso escrito e medido que foi memorizado, mas, sim, a fala livre e espontânea. Dessa forma, o orador, mesmo se apresentando com a fala decorada, não demonstrará o artificialismo próprio de quem memoriza um discurso.

Volto a insistir que não estou sugerindo que a fala precise ser decorada. Ao contrário, como já deve ter ficado claro, sou contra. Tenho combatido essa forma de apresentação em todos os meus livros, aulas e palestras. Mas também não significa que devamos fechar os olhos para a natureza humana e fazer de conta que não sabemos que, antes de uma apresentação importante, muitos irão recorrer à fala decorada para se proteger. Ora, já que decidiram memorizar sua fala, que o façam da melhor maneira.

Entretanto, nem todos os estudiosos da comunicação são contra a fala decorada. Jack Valenti, por exemplo, que preparava os discursos do presidente americano Lyndon Johnson, recomenda que apresentações de trezentas ou quatrocentas palavras, com cerca de cinco minutos de fala, devem ser decoradas. Alerta também que oitocentas palavras é o máximo que o orador deveria memorizar.

Embora eu seja contra essa forma de apresentação de discurso, recomendo a fala decorada apenas se você tiver boa memória, que não falhe nem nos momentos de maior nervosismo, sob forte pressão; se possuir tempo suficiente para se preparar; se tiver tranquilidade para aproveitar os fatos do ambiente, a fim de que eles possam fazer parte de sua apresentação e proporcionem maior interatividade com o público; e se demonstrar uma excelente capacidade de interpretação, para que os ouvintes não percebam que o texto foi totalmente decorado. Mas posso assegurar-lhe que é difícil uma só pessoa contar com todos esses pontos a seu favor. Além do mais, se você tiver todos esses atributos, por que deveria se preocupar em decorar um discurso?!

No estudo da fala memorizada, observe os seguintes pontos:

memorização de um discurso;

vantagens da fala memorizada;

desvantagens da fala memorizada;

o perigo do "piloto automático";

conclusão.

Memorização de um discurso

Para memorizar um discurso e ter chance de ser bem-sucedido em uma apresentação, você poderá seguir estas orientações:

- Falar várias vezes, de improviso, o que pretende transmitir. Escrever o discurso da maneira como fala, e não como escreve. Observe bem essa recomendação para que possa se apresentar da forma mais natural possível.

- Decorar frase por frase. Embora cada um possa ter seu método próprio, decorar frase por frase, de maneira geral, dá resultados mais rápidos e eficientes.

- Depois de ter memorizado a primeira frase, memorizar a segunda; após memorizar a segunda, pronunciar as duas; tendo memorizado a terceira, pronunciar as três. Fazer assim até chegar à última frase. Se o discurso for um pouco mais longo, divida-o em blocos com meia dúzia de frases cada um para que o resultado seja mais rápido; caso contrário, precisaria passar muitas vezes pelas primeiras frases. Se optar por esse recurso, depois de ter decorado o primeiro bloco, decorar o segundo e pronunciar os dois; após decorar o terceiro, pronunciar os três. Comporte-se para decorar os blocos de frases da mesma maneira como age para decorar as frases.

- Tendo decorado todo o discurso, fazer o treino ensaiando as pausas e a velocidade da fala. Procurar ser o mais natural que puder. Insisto nesse aspecto da naturalidade porque não é fácil ser natural pronunciando um discurso decorado nas primeiras vezes. O resultado será muito melhor se você puder gravar os exercícios com um celular ou uma câmera.

Analise algumas das vantagens e desvantagens da fala memorizada.

■ Vantagens da fala memorizada

Por mais que se condene a fala decorada, algumas vantagens precisam ser consideradas:

- a segurança do orador;
- a ordenação da fala;
- a correção gramatical e de estilo;
- o tempo de apresentação;
- a expressão corporal.

Segurança do orador

Ao decorar seu discurso, você elimina alguns dos motivos desconhecidos que provocam o medo e o nervosismo durante a apresentação. Com o discurso memorizado, conhecerá todo o caminho a ser percorrido, palavra por palavra, desde a introdução até a conclusão da fala.

Ordenação da fala

Você não terá problemas com a sequência lógica do raciocínio. Apresentando-se com o discurso decorado, as várias etapas da exposição serão cumpridas de forma bem organizada. A estrutura do discurso é desenvolvida com seus diversos objetivos, desde a conquista da plateia na introdução, passando pela estrutura central, com o desenvolvimento da confirmação e dos pontos de refutação, até a conclusão, com os dados que poderão levar os ouvintes a refletir ou a agir de acordo com as propostas apresentadas no corpo da fala.

Depois de ter decorado o discurso, você saberá quais informações servem como elemento de transição entre as ideias e qual a ordem exata dos argumentos que usará na tarefa de convencer os ouvintes.

Correção gramatical e de estilo

O discurso decorado fica isento de erros gramaticais e de construções viciosas que possam comprometer a qualidade da fala. Na fase de preparação, você poderá suprimir ou alterar as palavras que não correspondam exatamente ao sentido pretendido com sua mensagem. Poderá acertar a colocação dos pronomes, corrigir erros de concordância e até desenvolver frases que atendam às regras de gramática e estilo.

Tempo de apresentação

Ensaiando com todos os detalhes, você terá conhecimento do tempo exato que irá consumir durante a apresentação. Se for cuidadoso e experiente, saberá também quais partes poderão ser suprimidas, no caso de ocorrerem modificações no programa do evento e a sua fala precisar ser reduzida.

Com a fala decorada, o discurso poderá ser cronometrado com exatidão.

Expressão corporal

Embora os gestos devam ser naturais e espontâneos, certas passagens exigem que seus movimentos sejam mais expressivos e sua postura mais adequada. Durante a fase de preparação, enquanto decora o texto, é possível ensaiar os gestos mais apropriados para determinadas situações.

Dependendo da sua capacidade de teatralização, até a fisionomia de tristeza ou de alegria poderá ser treinada. Foi assim que Hitler, segundo a obra do escritor Joaquim Fest, ensaiou e aprimorou sua expressão corporal. Foi assim também que Winston Churchill treinou e aperfeiçoou o gesto do V da vitória.

Desvantagens da fala memorizada

As desvantagens da fala memorizada talvez desestimulem um orador que esteja pensando em fazer uso desse recurso.

São elas:

> o esquecimento;
> a falta de naturalidade;
> a rigidez de conduta;
> o comodismo.

Esquecimento

Se você, por infelicidade, não se lembrar de uma palavra-chave que ligue duas ideias importantes ou não conseguir desenvolver a sequência planejada, dificilmente dará prosseguimento à apresentação falando com desenvoltura e demonstrando autoridade sobre o tema.

Esse talvez seja o maior de todos os problemas da fala decorada, pois, ao memorizar seu discurso, você provavelmente não irá se preparar também para falar de improviso, de forma livre ou planejada, isto é, para desenvolver suas ideias falando na frente do público. Assim, ao esquecer algum ponto do discurso, será obrigado a se aventurar em um tipo de fala para o qual não está preparado, pois tentou fugir dele por meio da memorização.

Mesmo conhecendo o assunto, a pressão que você sente por ter esquecido o que preparou talvez não o deixe raciocinar com tranquilidade e, devido à insegurança, ou prossegue heroicamente até o final, hesitante e sem convicção, ou encerra antes do tempo, às vezes até com um constrangido pedido de desculpas.

Alguns demonstradores de produtos falam com a mensagem tão decorada que parecem máquinas reproduzindo uma fita gravada. Se forem interrompidos, talvez tenham de voltar ao princípio para recuperar a sequência da exposição.

Esse comportamento enfraquece a sua autoridade e afasta o interesse dos ouvintes.

Falta de naturalidade

Por melhor que seja a sua capacidade de interpretação, possivelmente não conseguirá esconder do público que a sua fala foi decorada.

O brilho dos olhos, característico naqueles que procuram cumprir a sequência memorizada, os gestos exageradamente medidos, o ritmo normalmente apressado das palavras, o semblante fechado pelo excesso de concentração e tantos outros indicadores acusam que a fala foi decorada.

Lembro-me de um demonstrador de equipamentos audiovisuais que foi encarregado de fazer uma apresentação dos seus produtos em nossa Escola. Quando estávamos conversando sobre assuntos fora da atividade profissional dele, demonstrou ser uma pessoa alegre, comunicativa e com bastante presença de espírito, mas, ao falar dos produtos, sofreu profunda transformação, ficando com o semblante enrijecido e proferindo as frases mecanicamente, com cadência uniforme e monótona. Era a demonstração clara de que o discurso estava totalmente memorizado. Por melhor que fosse a sua capacidade de se expressar, a fala decorada prejudicava-o, enfraquecendo a qualidade da sua comunicação e afastando o interesse dos ouvintes pelos seus produtos.

Rigidez de conduta

O público espera que você, como orador, esteja "presente" no local em que se encontra.

A melhor demonstração dessa presença e uma das mais eficientes formas de se envolver com os ouvintes é fazer uso de informações que surjam no próprio ambiente. Pode ser o comentário de um ouvinte, o ruído externo de um avião passando ou da freada brusca de um automóvel, uma garrafa que cai da bandeja do garçom, a presença de alguma personalidade ou de um especialista no assunto.

Se a fala foi totalmente memorizada, você talvez deixe de aproveitar uma dessas circunstâncias com receio de perder a sequência das palavras que decorou. Provavelmente não se arriscará a mexer no que foi preparado. É como se um avião transportando muitas personalidades caísse em frente a uma emissora de TV e ela não pudesse noticiar o fato para não interromper sua programação.

O auditório percebe que os fatos vão ocorrendo e que o orador permanece distante, como se não estivesse ali para observar as circunstâncias que movimentam e dão vida ao ambiente.

O auditório percebe que os fatos vão ocorrendo e que o orador permanece distante.

Comodismo

Se você, como orador, se habituar a decorar os discursos, com o tempo poderá se acomodar na preparação das suas falas e começar a repetir a mesma mensagem em todos os ambientes em que se apresenta, às vezes até no mesmo local e para as mesmas pessoas. Poderá ser o início da queda de sua carreira como orador. O risco é que as pessoas enjoem de ouvir as mesmas histórias, as mesmas comparações, as mesmas brincadeiras e a mesma mensagem. Com o tempo, o público poderá se afastar, e os ouvintes que permanecerem talvez assistam à apresentação sem entusiasmo, sem interesse e sem expectativa, pois já sabem o que irá acontecer desde o princípio até o encerramento.

O perigo do "piloto automático"

Mesmo não sendo intencional, pode acontecer de você repetir tantas vezes a fala que naturalmente acabe decorando, se não a exposição toda, pelo menos a maioria das informações. Quando esse fato ocorre, pode aparecer também um fenômeno denominado vulgarmente de "piloto automático". Enquanto uma parte do cérebro comanda quase inconscientemente a apresentação, a outra diverge, meditando sobre outros assuntos. Essa atitude poderá fazer com que você se afaste dos ouvintes e diminua o seu envolvimento com o ambiente.

A solução para esse problema é procurar inverter a ordem de algumas informações, isto é, o que você iria dizer mais no final pode ser mencionado antes, para que possa ficar atento à mensagem e se concentrar na apresentação.

Conclusão

Conforme você pode observar, a fala memorizada possui vantagens e desvantagens que precisam de análise e ponderação. Pessoalmente, como procurei evidenciar, julgo que as desvantagens superam bastante as vantagens, até porque existem outras formas mais eficientes de apresentação.

Se você se decidir por decorar algumas das suas falas, analise todos os riscos que irá enfrentar e prepare-se para contorná-los. Por exemplo, você sabe que ficará em uma situação delicada se, por acaso, esquecer informações importantes no desenvolvimento do assunto. Então por que não preparar um discurso alternativo, dando sua opinião sobre algum aspecto relacionado ao tema, com a possibilidade de continuar falando de improviso, com certa segurança, sem que a plateia perceba que a memória falhou?

Você é o responsável pelo seu sucesso ou pelo seu fracasso. Faça o que julgar melhor, mas esteja preparado para se ver livre das armadilhas.

RESUMO

Como apresentar um discurso

Temos várias formas para a apresentação de um discurso:

1. Leitura

Esta é a forma mais difícil, complexa e, em geral, a menos indicada.

Uma boa leitura requer:

— comunicação visual com o auditório;

— postura e forma adequadas de se posicionar com o papel para:

- falar em pé: segure o discurso na altura da parte superior do seu peito;
- falar sentado, atrás de uma mesa: levante um pouco a parte superior do papel para facilitar a leitura;
- falar na tribuna: deslize suavemente as folhas para o lado;
- ler diante do microfone com pedestal: posicione o discurso na altura da parte superior do seu peito, deixe o microfone abaixo do queixo e segure a folha próximo da extremidade superior com uma das mãos, deixando a outra próximo da base do papel, perto da haste e pronta para gesticular;
- ler diante do microfone sem pedestal: evite segurar o microfone. Deixe que outra pessoa o segure;

109

— gestos moderados e feitos para indicar as mensagens mais significativas.

Uma boa interpretação de um texto lido exige que:

— o discurso seja escrito em linguagem um pouco mais formal do que a fala do cotidiano;
— as informações importantes sejam colocadas no início da frase;
— o orador desenvolva e utilize seu próprio método de marcações.

Um discurso para ser lido deve ser escrito:

— com papel encorpado e que impeça o reflexo excessivo da luz;
— impresso em apenas uma das faces da folha, em espaço duplo ou triplo, usando somente os dois terços superiores do papel, com margens largas e frases completas no final da página;
— com fácil identificação de cifras, misturando números com palavras;
— com todas as folhas numeradas, sem grampos ou clipes.

O treinamento eficiente da leitura deve obedecer a dez orientações básicas:

1 — selecione um discurso curto;
2 — imprima de acordo com a técnica já recomendada;
3 — faça duas leituras do texto em voz alta e, de preferência, sentado;
4 — marque o texto para facilitar sua interpretação;
5 — faça mais três leituras do texto com marcações, ainda sentado;
6 — pratique na frente de uma parede;
7 — realize uma leitura bem expressiva diante da parede quatro vezes; use o dedo polegar para seguir

a linha de leitura (nesta fase do treinamento, você poderá usar de forma mais acentuada a comunicação visual e os gestos);

8 — leia o texto de maneira natural e expressiva pelo menos duas vezes; use um celular ou uma câmera para registrar sua última leitura;

9 — verifique na gravação eventuais erros a serem corrigidos;

10 — grave mais uma vez com as correções feitas.

2. Leitura com auxílio de *teleprompter*

O texto é inserido em um programa próprio de computador e projetado, por meio de monitores, sobre placas de cristal que ficam à frente do orador.

A angulação das placas e sua superfície espelhada permitem que você leia o texto sem que os ouvintes percebam.

É necessário um bom treinamento antes de usar o *teleprompter* diante do público, visando principalmente desenvolver o contato visual correto com o auditório. A leitura deve ser feita com velocidade, cadência e ritmo apropriados, além de o semblante estar descontraído e haver movimentação adequada da cabeça e do tronco, evitando que a plateia perceba que o discurso está sendo lido.

3. Improviso planejado com auxílio de roteiro escrito

O roteiro escrito é uma espécie de resumo do discurso, no qual são transcritas as informações mais importantes que compõem o conteúdo, as transições, as datas, as cifras, os dados percentuais, além da introdução e da conclusão.

Com o roteiro escrito, você lê os trechos que selecionou e explica, comenta, interpreta, critica ou amplia as informações lidas, em contato direto com o público, falando de improviso.

Alguns cuidados compreendem:
— não escrever demais;
— escrever frases curtas;
— usar o roteiro apenas como consulta;
— não dobrar ou enrolar o papel para não distrair a atenção dos ouvintes;
— não disfarçar a leitura;
— numerar as páginas.

4. Improviso planejado com auxílio de cartão de notas

O cartão de notas deverá conter palavras ou pequenas frases, elementos de transição, números das páginas de livros, cifras, datas e outras informações importantes que ajudem na ordenação e no desenvolvimento da mensagem.

Sua leitura deve ser discreta, rápida e sem precipitação. Suas principais vantagens são:
— ajuda a lembrar as etapas mais importantes da apresentação, o que lhe proporciona confiança, projetando uma imagem segura e profissional;
— dá liberdade para que você aproveite as circunstâncias nascidas no próprio ambiente, com expressão corporal mais livre;
— permite agir com naturalidade, possibilitando uma apresentação vibrante e envolvente, além de liberar a comunicação visual o tempo todo;
— não distrai a atenção dos ouvintes, por ser discreto, nem acusa o seu nervosismo, por ser de material mais grosso;
— pode ser utilizado para outras apresentações.

5. Improviso planejado com auxílio de um esquema mental

Esse tipo de fala fascina os ouvintes, porque eles têm a impressão de que os planos, as análises e as conclusões do assunto abordado estão sendo criados e improvisados ali, naquele momento.

Como você conta apenas com a sua memória, alguns critérios de preparação devem ser considerados:

— decorar a introdução e a conclusão da fala;
— contar qual é o assunto;
— fazer um histórico ou levantar um problema;
— dividir o assunto;
— desenvolver o assunto central de acordo com os métodos de confirmação;
— refutar possíveis objeções;
— concluir.

6. Improviso inesperado

É um tipo de apresentação que não pressupõe a falta de conhecimento, e sim a ausência de planejamento do discurso.

Crie o hábito de planejar uma rápida apresentação em todas as situações, mesmo que as chances de você falar sejam remotas. Essa é uma das melhores maneiras de se proteger contra o inesperado.

Alguns tipos de introdução que podem ser planejados rapidamente:

— aproveitar uma circunstância de pessoa;
— aludir à ocasião;
— mencionar informações ouvidas ou observadas durante o trajeto ou na chegada ao local da reunião.

A grande arma da fala improvisada é a técnica do assunto paralelo, que pode ser qualquer dado que se associe direta ou indiretamente com o assunto principal, de seu íntimo conhecimento, que desperte o interesse e seja compreendido pelo público com facilidade.

Cuidados na utilização do assunto paralelo:

— não consumir muito tempo em seu desenvolvimento;

— relacioná-lo naturalmente com o assunto principal;
— restringir o seu uso ao máximo.

Depois da preparação da mensagem com o auxílio do assunto paralelo, é o momento de usar a ordenação no tempo e no espaço para apresentar o tema central. Se houver algum tipo de objeção, essa é a oportunidade de refutá-la.

Por fim, a conclusão pode ser feita com um rápido agradecimento e votos de realizações para o público.

Recomendações importantes:
— não pedir desculpas;
— não ter pressa de começar;
— falar baixo no início;
— ser breve;
— fazer anotações.

7. Fala memorizada

Essa fala ocorre quando você decora a sua apresentação palavra por palavra e fala diante do público sem ajuda do papel.

Você poderá se valer desse recurso se tiver memória privilegiada, que não falhe nem mesmo nos momentos de maior nervosismo, de forte pressão, se possuir tempo para se preparar e excelente capacidade de interpretação.

Com o discurso memorizado, você tem a vantagem de se sentir mais seguro por saber o que irá apresentar, ordenando sua fala de forma lógica e organizada, isenta de erros gramaticais e de estilo. Pode conhecer o tempo exato de duração de cada uma das partes e de todo o discurso, além de ter condições de ensaiar os detalhes de sua expressão corporal.

Por sua vez, encontra algumas desvantagens, como:
— correr o risco do esquecimento;
— ser artificial;

— não aproveitar as circunstâncias que surgem no ambiente;

— acomodar-se com o uso repetido dos discursos decorados no passado.

Você deve ter cuidado especial para o fenômeno vulgarmente conhecido por "piloto automático", que pode ocorrer mesmo quando não há a intenção de decorar a apresentação. Esse comportamento poderá afastá-lo dos ouvintes e tirar o seu envolvimento com o ambiente. A solução para esse problema é procurar inverter a ordem de algumas informações.

Exercícios de fixação

Responda as questões a seguir:

1. Qual a melhor posição para segurar o papel durante a leitura?

_____

_____

_____

_____

2. Como deve ser a gesticulação durante a leitura?

_____

_____

3. Quando ler em público?

_____

_____

_____

_____

_____

_____

_____

_____

4. O que é *teleprompter*?

5. O que é um roteiro escrito e o que ele deve conter?

6. Qual a diferença entre o roteiro escrito e o cartão de notas?

7. Por que os ouvintes ficam fascinados quando o orador fala de improviso planejado com auxílio de um esquema mental e qual o risco que ele corre de esquecer a sequência da apresentação?

8. Falar de improviso inesperado é discorrer sobre assuntos desconhecidos?

9. Quais informações podem ser utilizadas como assunto paralelo?

10. Qual a melhor forma de ordenar o assunto principal no improviso inesperado?

11. Cite vantagens e desvantagens da fala memorizada.

12. O que você entende por "piloto automático" no momento da apresentação?

Respostas dos exercícios de fixação

1. Qual a melhor posição para segurar o papel durante a leitura?

Na parte superior do peito.

2. Como deve ser a gesticulação durante a leitura?

Moderada. Deve servir principalmente para indicar as mensagens mais significativas.

3. Quando ler em público?

- Nos discursos de saudação ou nas apresentações de personalidades importantes, em especial se forem publicados pela imprensa.
- Nos pronunciamentos cujas informações se baseiam na lei.
- Nos pronunciamentos de autoridades do governo para divulgação de planos oficiais ou decisões importantes.
- Na divulgação de pareceres técnicos, de estudos científicos e de qualquer informação que dependa fundamentalmente da precisão de cifras, fórmulas e datas.
- Nas solenidades de posse de presidentes ou diretores.
- Nas cerimônias de transmissão de cargo de presidentes ou diretores de entidades, quando fazem um balanço das suas realizações.

– Nas formaturas, quando o discurso do orador de turma deve representar o pensamento do grupo.

– Nos eventos em que o rigor da programação exige tempo de fala cronometrado.

4. O que é *teleprompter*?

O *teleprompter* é um equipamento que permite a leitura de textos de maneira que os ouvintes mal percebam que o orador está lendo.

5. O que é um roteiro escrito e o que ele deve conter?

O roteiro escrito é uma espécie de resumo do discurso. Deve conter os dados mais importantes que compõem o conteúdo, as transições que relacionam as ideias, as datas, as cifras, os índices percentuais, além da introdução e da conclusão.

6. Qual a diferença entre o roteiro escrito e o cartão de notas?

A diferença é que o roteiro escrito contém informações completas que poderão ser lidas e comentadas pelo orador, enquanto o cartão de notas apresenta apenas indicações dos itens que o orador deverá desenvolver e, só em alguns casos, traz citações ou frases completas, como o início e o encerramento da fala.

7. Por que os ouvintes ficam fascinados quando o orador fala de improviso planejado com auxílio de um esquema mental e qual o risco que ele corre de esquecer a sequência da apresentação?

Ficam fascinados porque creem que os planos, as análises e as conclusões do assunto abordado estão sendo criados de improviso ali, naquele momento. O risco de o orador esquecer a sequência é praticamente nulo, pois é reduzido o número de informações que deverá decorar.

8. Falar de improviso inesperado é discorrer sobre assuntos desconhecidos?

O improviso inesperado não pressupõe a falta de conhecimento, e sim a ausência de planejamento do discurso.

9. Quais informações podem ser utilizadas como assunto paralelo?

O assunto paralelo pode ser qualquer dado que tenha ligação direta ou indireta com o assunto principal.

10. Qual a melhor forma de ordenar o assunto principal no improviso inesperado?

Para ordenar o assunto principal em apenas alguns segundos e apresentá-lo de improviso inesperado, podemos recorrer à ordenação no tempo e no espaço.

11. Cite vantagens e desvantagens da fala memorizada.

Algumas vantagens são:
— segurança do orador;
— ordenação da fala;
— correção gramatical e de estilo.

Algumas desvantagens são:
— esquecimento;
— falta de naturalidade;
— rigidez de conduta.

12. O que você entende por "piloto automático" no momento da apresentação?

O "piloto automático" ocorre quando o orador, de tanto repetir o mesmo discurso, acaba por decorá-lo. Por isso, enquanto uma parte do cérebro comanda quase inconscientemente a apresentação, a outra divaga, refletindo sobre outros assuntos.

Questionário de autoavaliação

Este questionário serve para que você perceba a sua evolução, passo a passo. Responda as questões sem consultar o gabarito que se segue.

Assinale com um "X" a alternativa correta.

1. Três das mais importantes formas de apresentar um discurso são:

( ) a) Fala memorizada, fala com auxílio de microfone e improviso com auxílio de recursos audiovisuais.

( ) b) Leitura, improviso planejado com auxílio de cartão de notas e improviso inesperado.

( ) c) Fala teatralizada, fala expressiva e fala cronometrada.

2. Para interpretar bem um texto lido, o orador deve:

( ) a) Escrever como se estivesse falando, só que com um pouco mais de formalidade; colocar as informações importantes no início da frase; escolher um método próprio de marcações.

( ) b) Deixar as informações mais importantes para o final da frase, seguir rigorosamente a pontuação gramatical e evitar a linguagem coloquial.

( ) c) Escolher um método próprio de marcações, seguir rigorosamente a pontuação gramatical e fazer gestos largos e abundantes.

3. Um discurso deve ser lido em:

( ) a) Festas familiares, como aniversários e batizados.

( ) b) Posses de presidentes ou diretores de entidades.

( ) c) Debates.

4. Em uma apresentação de improviso planejado com auxílio de roteiro escrito, o orador deve:

( ) a) Esconder o papel para que o auditório não perceba o uso do recurso.

( ) b) Ler o discurso do princípio ao fim e só depois comentar o conteúdo com o público.

( ) c) Ler os trechos que selecionou para orientar sua apresentação.

5. Uma das principais vantagens do uso do cartão de notas é:

( ) a) Constituir uma espécie de resumo do discurso, em que se transcrevem as informações mais importantes.

( ) b) Permitir que o orador o coloque no bolso e o transporte com facilidade.

( ) c) Deixar o orador agir com mais naturalidade, além de liberar sua comunicação visual.

6. No improviso planejado com auxílio de um esquema mental, o orador deve:

( ) a) Decorar a introdução e a conclusão da fala.

( ) b) Fazer uso de um cartão de notas ou roteiro escrito.

( ) c) Evitar o aproveitamento de circunstâncias que surgem no ambiente.

GABARITO DO QUESTIONÁRIO

1 – b	3 – b	5 – c
2 – a	4 – c	6 – a

Bibliografia

ACADEMIA BRASILEIRA DE LETRAS. *Discursos acadêmicos*. Rio de Janeiro: Civilização Brasileira, 1934.

AMET, Émile. *Arte de falar em público*. Lisboa: Ailland, Alves Bastos Editores [ca. 1910]. 164 p.

_____. *Comment on apprend à parler en public*. Paris: Jouve & Cia., 1926. 670 p.

ANDERSON, James B. *Falar para grupos*. Lisboa: Edições Cetop, 1991. 276 p. Tradução de *Speaking to groups*, 1989.

AREZIO, Luigi. *L'arte della parola*. Firenze: G. C. Sansoni, 1915. 188 p.

ARISTÓTELES. *Arte retórica e arte poética*. Tradução de Antônio Pinto de Carvalho. Rio de Janeiro: Tecnoprint, [s.d.] 350 p. Tradução de *Art rhétorique et art poétique*.

ATKINSON, William Walker. *L'arte di esprimersi e i principi del discorso*. Tradução de Elena Zonotti. Milano: Fratelli Bocca Editori, 1945. 160 p.

AZEVEDO, Francisco Ferreira dos Santos. *Dicionário analógico da língua portuguesa*: ideias afins. Brasília: Coordenada/Thesaurus, 1983.

BARBOSA, Ruy. *Discursos no Instituto dos Advogados do Brasil*. Porto Alegre: Sergio Fabris Editor, 1985. 80 p.

BELLENGER, Lionel. *A persuasão*. Tradução de Waltensir Dutra. Rio de Janeiro: Zahar, 1987, 104 p. Tradução de *La persuasión*.

BLOCH, Pedro. *Você quer falar melhor?* 6. ed. Rio de Janeiro: Bloch, 1974. 160 p.

BOWER, Sharon. *Painless public speaking*. 3. ed. Glasgow: William Collins Sons & Co. Ltd., 1990. 227 p.

BROWN, Charles T. *Introdução à eloquência*. 2. ed. Tradução de Maria Luisa Bitencourt. São Paulo: Fundo de Cultura, 1967. 2 v. Tradução de *Introduction to speech*, 1955.

BROWN, Lillian. *Your public best*: the complete guide to making successful public appearances in the meeting room, on the platform, and on TV. New York: Newmarket Press, 1989. 223 p.

BUENO, Silveira. *A arte de falar em público*. São Paulo: Revista dos Tribunais, 1933. 222 p. [Até 1988 foram publicadas dez edições por editoras diferentes.]

_____. *Manual de califasia, califonia, calirritmia e arte de dizer*. 3. ed. São Paulo: Saraiva, 1948. 232 p.

CARVALHO, Francisco Freire de. *Lições elementares de eloquência nacional*. Rio de Janeiro: Em Casa D'Eduardo Laemmert, Typographia Nacional, 1834. 290 p.

CASTELAR, Emilio. *Discursos parlamentares na Assembleia Constituinte/Discursos parlamentarios en la Asamblea Constituyente*. 2 v. Madrid: A. De San Martin Y Saenz de Jubera, Hermanos Editores, 1980. Tomo I, 422 p. Tomo II, 364 p.

CASTLE, Dennis; WADE, John. *Falar em público*. Tradução de Maria Adelaide Namorado Freire. Lisboa: Editorial Presença, 1990. 136 p. Tradução de *Public speaking*, 1980.

CICÉRON. *Brutus et la perfectión oratoire*. Tradução de François Richard. Paris: Librairie Garmier Frères, 1934. 298 p.

COHEN, Jean et alii. *Pesquisas de retórica*. Tradução de Leda Pinto Mafra Iruzun. Petrópolis: Vozes, 1975. 236 p. Tradução de *Recherches rhétoriques*.

COOK, Jeff Scott. *The elements of speechwriting and public speaking*. New York: Collier Books – MacMillan Publishing Company, 1989. 242 p.

CORDEIRO, F. B. *Arte de fallar e de escrever ou tractado de rhetórica geral*. Pernambuco: Tip. Imparcial, 1848. 480 p.

CORRÊA, Nereu. *A palavra*. São Paulo: Laudes, 1972. 148 p.

CORTRIGHT, Rupert L.; HINDS, George L. *Técnicas construtivas de argumentação e debate*. Tradução de L. C. S. Ph. São Paulo: Ibrasa, 1963. 394 p. Tradução de *Creative discussion*, 1959.

D'ARCY, Jan. *Technically speaking*: proven ways to make your next presentation a success. New York: American Management Association, 1992. 252 p.

EHRLICH, Henry. *Writing effective speeches*. New York: Paragon House, 1992. 214 p.

FERRI, Henrique. *Discursos de defesa (defesas penais)*. Tradução de Fernando de Miranda. 6ª reimpressão. Coimbra: Armênio Amado, Editor, Sucessor [s.d.].

FIGUEIREDO, A. Cardoso Borges de. *Instituições elementares de rhetórica*. 7. ed. Coimbra: Livraria de J. Augusto Orcel, 1870. 196 p.

FOSCOLO, Ugo. *Lezioni di eloquenza*. Milano: Società Editrice Sonzogno, 1897. 344 p.

GABAY, Michèle (Dir.). *Guide d'expression orale*. Paris: References Larousse, 1986. 404 p.

GARÇON, Maître Maurice. *Eloquência judiciária*. Tradução de Zilda Felgueiras. Rio de Janeiro: Editora da Casa dos Estudantes [ca. 1950]. 232 p. Tradução de *Essai sur l'éloquence judiciaire*.

GRONBECK, Bruce E.; EHNINGER, Douglas; MONROE, Alan Houston. *Principles of speech communication*. 10. ed. Glenview: Scott, Foresman and Company, 1986. 397 p.

GUESDON, Abbé. *Cours d'éloquence sacrée*. França: Imp. de Montligeon, 1905. 256 p.

HOLTZ, Herman. *The executive's guide to winning presentations*. New York: John Wiley & Sons, Inc., 1991. 211 p.

JAGOT, Paul C.; NOGUIN, J. G. *La educación de la palabra* – El arte de hablar bien y con persuasión. Buenos Aires: Joaquim Gil, 1949. 638 p.

JAKOBSON, Roman. *Linguística e comunicação*. São Paulo: Ática, 1995. 164 p.

JAY, Antony. *Apresentação eficiente*. Tradução de Maria Cecília Baeta Neves. Rio de Janeiro: Fundação Getúlio Vargas, 1973. 166 p.

KARLINS, Marvin; ABELSON, Herbert D. Persuasão. Tradução de Lêda Maria Maia. Rio de Janeiro: Civilização Brasileira, 1971. 222 p. Tradução de *Persuasion – how opinions and attitudes are changed*, 1970.

KISSINGER, Henry. *Afirmaciones públicas*. Buenos Aires: Emercé Editores, 1981, p. 101.

L'ABBÉ, Henry. *Histoire de l'éloquence*. 2. ed. Paris: Chez Jacques Lecoffre, 1850. 2 v.

LACERDA, Carlos. *Discursos parlamentares*. Rio de Janeiro: Nova Fronteira, 1982, p. 609.

LEBEL, Pierre. *La strategie de l'intervention orale*. Paris: Éditions Retz, 1990. 160 p.

LEEDS, Dorothy. *Power speak*. New York: Berkey Books, 1989. 294 p.

MAJORANA, Angelo. *A arte de falar em público*. Tradução de Fernando de Miranda. São Paulo: Saraiva, 1945. 2 v.

MALDONADO, Maria Tereza; GARNER, Alan. *A arte da conversa e do convívio*. São Paulo: Saraiva, 1999. 160 p.

MILLER, George A. (Org.) *Linguagem, psicologia e comunicação*. Tradução de Alvaro Cabral. São Paulo: Cultrix, 1976. 312 p. Tradução de *Psychology and communication*.

MIRA Y LÓPEZ, Emílio. *Quatro gigantes da alma*. Tradução de Cláudio de Araújo Lima. 12. ed. Rio de Janeiro: José Olympio, 1982.

MONEGAL Y NOGUÉS, Esteban. *Compendio de oratoria sagrada*. 4. ed. Barcelona: Imprenta de Eugenio Suborana, 1923. 340 p.

NAPOLITANO, Giovanni. *Intuizioni sul'eloquenza*. Napoli: Libreria Della Diana, 1930. 170 p.

OLIVEIRA, Marques. *Como vencer falando*. Rio de Janeiro: Tecnoprint, 1979. 288 p.

PACOUT, Nathalie. *Parler en public*. Paris: Marobout, 1988. 192 p.

PELTANT, S. et alii. *Savoir s'exprimer*. Paris: Éditions Retz, 1989. 486 p.

PLEBE, Armando. *Breve história da retórica antiga*. Tradução de Gilda Naécia Maciel de Barros. São Paulo: Edusp, 1978. 98 p. Tradução de *Breve storia della retorica antica*.

POLITO, Reinaldo. *A influência da emoção do orador no processo de conquista dos ouvintes*. 3. ed. São Paulo: Saraiva, 2001. 160 p.

_____. *Assim é que se fala* – como organizar a fala e transmitir ideias. 28. ed. São Paulo: Saraiva, 2005. 240 p.

_____. *Como falar corretamente e sem inibições*. 111. ed. São Paulo: Saraiva, 2006. 312 p.

_____. *Gestos e postura para falar melhor*. 23. ed. São Paulo: Saraiva, 2002. 200 p.

_____. *Recursos audiovisuais nas apresentações de sucesso*. 7. ed. São Paulo: Saraiva, 2010. 140 p.

_____. *Superdicas para falar bem em conversas e apresentações*. São Paulo: Saraiva, 2005. 136 p.

_____. *Vença o medo de falar em público*. 8. ed. rev., atual. e ampl. São Paulo: Saraiva, 2005. 136 p.

PONCER, Jean. *Savoir se présenter*. Paris: Éditions Retz, 1989. 128 p.

PÔRTO SOBRINHO, Antonio Faustino. *Antologia da eloquência universal*. São Paulo: Tecnoprint, [s.d.].

QUINTILIANO, M. Fábio. *Instituições oratórias*. Tradução de Jerônimo Soares Barbosa. São Paulo: Cultura, 1944. 2 v.

_____. *Institution oratoire*. Tradução de Henri Bornecque. Paris: Librairie Garnier Frères, 1933-1934. 4 v.

RAMOS, Admir. *Moderno curso de oratória*. São Paulo [ca. 1970]. 188 p.

REICH, Wilhelm. *Análise do caráter*. São Paulo: Martins Fontes, 1988.

REVISTA VENCER. São Paulo: Editora Vencer, números 1 a 76, de 1999 a 2005.

RHETÓRICA e poética. Rio de Janeiro: Livraria de J. G. de Azevedo, 1885. 44 p.

ROUSTAN, M. *L'éloquence*. 3. ed. Paris: Librairie Paul Delaplane [ca. 1900]. 112 p.

SAINT-LAURENT, Raymond. *L'art de parler en public*. Avignon: Edouard Aubanel Editeur, 1948. 224 p.

SAINT-PAUL, G. *L'art de parler en public*. Paris: Octave Doin et Fils, 1912. 434 p.

SANTOS, Mario Ferreira dos. *Curso de oratória e retórica*. 8. ed. São Paulo: Logos, 1960. 230 p.

SENGER, Jules. *A arte oratória*. Tradução de Carlos Ortiz. 2. ed. São Paulo: Difusão Europeia do Livro, 1960. 136 p. Tradução de *L'art oratoire*.

SIMMONS, Harry. *Falar em público*. Tradução de Siene Maria Campos. Rio de Janeiro: Record, 1988. 272 p. Tradução de *Executive public speaking techniques*.

SNYDER, Elayne. *Persuasive business speaking*. New York: Amacon – American Management Association, 1990. 243 p.

STUART, Cristina. *How to be an effective speaker*. Lincolnwood: NTC Business Books, 1989. 238 p.

THEODORO, Marlene. *A era do EU S/A* – em busca da imagem profissional de sucesso. São Paulo: Saraiva, 2004.

TRINGALI, Dante. *Introdução à retórica*. São Paulo: Duas Cidades, 1988. 248 p.

VALENTI, Jack. *A fácil arte de falar em público*. Tradução de Neide Camera Loureiro. Rio de Janeiro: Record [ca. 1984]. 152 p. Tradução de *Speak up with confidence*.

VALLEJO-NÁGERA, Juan Antonio. *Aprender a hablar en público hoy*. 10. ed. Barcelona: Editorial Planeta, 1990. 158 p.

VASILE, Albert J.; MINTZ, Harold K. *Speak with confidence*: a practical guide. 5. ed. New York: Harper Collins Publishers, 1989. 383 p.

VERCESI, Ernesto; SANTINI, Emilio. *L'eloquenza sacra in Italia e l'eloquenza politica accademica e forense*. Milano: Casa Editrice Dottor Francesco Villardi, 1938. 354 p.

VIANA, Mario Gonçalves. *Arte de falar em público*. Porto: Editorial Domingos Barreira [ca. 1950]. 396 p.

_____. *Técnica oratória*. Porto: Editorial Domingos Barreira [ca. 1950]. 496 p.

VIEIRA, Pe. Antônio. *Obras completas do Padre Vieira*. Porto: Lelo & Irmão Editores, 1951. 15 v.

WESTLAND, Peter. *Aprenda sozinho a falar em público*. Tradução de Izidoro Macedo. São Paulo: Pioneira, 1961. 168 p. Tradução de *Teach yourself public speaking*.

Depoimentos
SOBRE O TRABALHO DO PROF. REINALDO POLITO

"O curso do Professor Reinaldo Polito ajuda a preencher uma lacuna na educação brasileira."

Almir Pazzianotto

"O teatro ganharia muito se pudesse contar com um trabalho de orientação competente como esse que o Professor Reinaldo Polito desenvolve na Expressão Verbal, preparando empresários e executivos."

Bibi Ferreira

"Este curso ensinou a todos nós a grande verdade, a grande beleza, a grande luz da comunicação verbal, que tem sido a base de toda a minha vida."

Blota Júnior

"Reinaldo Polito es uno de los más prestigiosos expertos en comunicación oral del mundo."

Editorial EDAF — Espanha

"Reinaldo Polito vive aquilo em que acredita. É uma pessoa especial em seus livros, em suas palestras e em seu relacionamento com amigos. Coisas de vencedores."

César Romão

"Cumprimento Reinaldo Polito pela maravilha que faz com seus alunos."

Glorinha Beuttenmüler

"Reinaldo Polito, sinta-se orgulhoso do seu trabalho, porque a sua obra fala por si mesma."

Guilherme Afif Domingos

"O curso do Professor Reinaldo Polito, além de ensinar técnicas de comunicação aos seus alunos, foi uma lição de vida."

Irene Ravache

"Fiquei comovido ao ver os alunos do Professor Reinaldo Polito apresentar as suas ideias, demonstrando que vieram para este treinamento, aprenderam e saem vencedores."

Ives Gandra da Silva Martins

"A desenvoltura demonstrada pelos alunos formados pelo Professor Reinaldo Polito emocionou-me e comoveu-me. Todos estão aptos a enfrentar qualquer tipo de auditório, até os mais hostis."

Jânio Quadros

"Leiam a sua obra com atenção e cheguem à mesma conclusão que eu. O Polito é realmente o melhor!"

João Mellão Neto

"Aprovo vivamente os métodos e o estilo do Professor Polito. Creio que, através de seus cursos, ou de seus livros, a pessoa consegue dominar aquilo que é indispensável para o orador: a postura, a vitória sobre o medo, a preparação, os gestos, a voz, a relação interativa com o auditório."

Márcio Thomaz Bastos

"Reinaldo Polito conquistou sucesso e reconhecimento pelo seu trabalho. Hoje ele é a referência no ensino da comunicação verbal em todo país"

Max Gehringer

"Já ministrei cursos de comunicação verbal em todos os estados do Brasil e como professor por mais de 50 anos tenho autoridade para falar: Reinaldo Polito, hoje, é o principal professor de oratória do país."

Oswaldo Melantonio

"Homem simples, Reinaldo Polito transmite com segurança e seriedade seus conhecimentos. E melhora a vida de muita gente. Sei de várias pessoas que obtiveram significativo progresso graças às hábeis mãos de Polito. Recentemente, uma turma de jornalistas, alguns dos quais meus amigos, pôs-se a frequentar as orientações de Polito. Que dizem eles? Falam muito bem do trabalho de Polito e confessam-se surpresos com o resultado."

Pasquale Cipro Neto

"Os alunos jamais se esquecerão do Professor Reinaldo Polito. Ele foi o grande mestre que orientou a todos no caminho da comunicação."

Silveira Bueno

"Ao longo dos anos Reinaldo Polito tornou-se muito mais do que um bem-sucedido profissional da fala. Mercê da refinada e cuidadosa metodologia, desenvolvida ao longo de décadas de pesquisa e experimento empírico, tornou-se um verdadeiro ícone da especialidade em que atua. De longe, ele é o principal nome no terreno da comunicação e da expressão em público."

Tupã Gomes Corrêa

"Não imaginava um trabalho tão magnífico como este, um trabalho de libertação, que permite a valorização do ser humano."

Waldir Troncoso Peres

Reinaldo Polito

Mestre em Ciências da Comunicação. Pós-graduado com especialização em Comunicação Social e em Administração Financeira. Há mais de quarenta anos, desenvolve atividades como professor de oratória, palestrante e escritor.

Atua como professor de Competência Verbo-Gestual no Trabalho da Imagem Pública e Oratória nos cursos de pós-graduação em Gestão Corporativa, Marketing Político e Relações Públicas na ECA-USP.

Membro do Conselho de Professores do IBMEC.

Colunista na área de comunicação, comportamento e carreira no UOL.

Presidente da Academia Paulista de Educação.

Membro titular fundador da Academia Araraquarense de Letras.

Presidente da ONG Via de Acesso.

Dos 31 livros que publicou, seis entraram para as listas dos mais vendidos do país, entre eles *Como falar corretamente e sem inibições* e *Superdicas para falar bem*, que venderam mais de um milhão de exemplares no Brasil e no mundo.

Coordenador das séries "Superdicas", da Editora Saraiva; "I Superconsigli", da Editora Italianova; e "29 minutos", da Editora Sextante, esta última ao lado de Rachel Polito.

Ministra cursos de oratória em sua própria escola, na Rua Mariano Procópio, 226, Vila Monumento, São Paulo – SP – Brasil – CEP 01548-020.

Tel.: + 55 (11) 2068-7595

www.polito.com.br

contatos@reinaldopolito.com.br